哲学的な何か、あと科学とか

飲 茶

二見文庫

ブックデザイン	ヤマシタツトム
イラストレーション	大野文彰（大野デザイン事務所）
DTP オペレーション	横川浩之

文庫版まえがき

「この理論は科学的に証明されました」

この言葉を聞いたとき、おそらく多くの人が、その理論について「正しさが確定したのだ」という印象を持つのではないだろうか。もちろん、かつては、僕もそう思っていた。しかし、ある程度の年齢（理系の大学生）になり、素粒子という「ミクロの世界の科学」に興味を持つようになったとき、その「科学的証明への信頼」が大きく揺るがされることになる。

きっかけは、ニュートリノという素粒子を知ったときのことだった。ニュートリノとは、質量がほぼゼロの「とてつもなく小さい粒子」のことである。このニュートリノの存在が科学的に証明されるまでのざっくりとした経緯を以下に紹介しよう。

ある日、とある科学者が、「ベータ崩壊」という不可思議な現象を発見した。それはたとえるなら、10kgのボールが2つに割れて、1つ目の破片が6kgだったら、当然、もう一方の破片は4kgになるはずだが、なぜか0.000001kgほど重さの計算が合わないという不可思議な現象であった。消えた「0.000001kg分の重さ」はどこへ行ったのか？　そこで、パウリという科学者は考えた。

「じゃあさ、0.000001kgの超小さい粒子があって、そいつがどこかに飛んで行ったことにしようよ、そう考えればツジツマがあうじゃん」

ツジツマあわせの未知の新粒子。たしかにそれがあれば計算は合う。だが、そんな小さい粒子が存在することをどうやって証明すればいいのか？　そこで、科学者たちは次のような実験を考案した。

（1）その不可思議な現象が起きる場所の近くに、でか～い水槽を置く。
（2）その粒子（ニュートリノ）は小さいが、たま～に、水槽の中と水分子とぶつかり、カチ～ンって感じで、ちょっとだけ光が出る。
（3）その光を観測する。

この実験を行なった結果、その光が特定の頻度で観測できることが確認され、ニュートリノという新粒子があることが証明された。めでたしめでたし。

以上が、ニュートリノという粒子が発見されるまでの歴史的な経緯であるが、はじめて知ったとき、僕はとても驚いた。だって、「ニュートリノという粒子が存在し、その粒子が観測された」という単純な話ではなく、「今までの常識と合わない現象があり、そのツジツマ合わせとして新しい粒子が仮定され、その粒子があったとしたら見つかるはずの痕跡を確認した」という、なんとも間接的な話であったからだ。

「え？　それって、ニュートリノを直接観測したんじゃなく、ただ、水槽から出てくる光を観測しただけでしょ！　別の原因かもしれないじゃん！　そもそも、最初の矛盾とかも、何かの計算誤差とか、ケーブルの差し方が甘かったとかじゃないの？」

もちろん、これは子供じみた疑いである。プロの科学者たちの実験を素人がむやみに疑うべきはないだろう。でも、それでもだ。これら科学的な証明のどこかにもしも間違いがあったとしたら……。そして、その間違ったツジツマ合わせが、まるで「ボタンのかけ違い」のように連鎖していったとしたら……。ちょっと想像するとゾワゾワしないだろうか？ そこまで考えたとき、理系の学生だった僕は、哲学に興味を持つようになった。なぜなら、哲学は「正しいとは何か？」を問いかける学問であったからだ。

さて、本書は、理系の著者が、そうした哲学を学ぶ過程で知りえた「科学的な正しさ」に関する衝撃的なトピックスをまとめたものである。

「相対性理論を含めて、あらゆる科学理論って、結局は単なる壮大なツジツマ合わせだったの！？」
「正しい科学理論と間違った科学理論を見分けることって実はできない？」
「赤が、なぜ『あの色』で見えているかは科学では絶対に説明できないの？」

などなど、哲学的な視点で「科学的な正しさ」を問いかけていくと、実はそれがかなり危ういものだと気づかされるだろう。いままで確かだと思っていた景色がガラガラと崩れる瞬間は、怖いけども、ちょっぴり楽しかったりもする。

本書によって、あなたの常識的な世界観を揺るがすことができ、少しでも「哲学の楽しさ」を味わってもらえたら幸いである。

目次

文庫版まえがき　003

1章　哲学的な何か

不完全性定理　010
公理①　015
公理②── ルイス・キャロルのパラドックス　020
我思う、ゆえに我在り　024
論理①　026
矛盾　028
論理②── 言語ゲーム　031
イデア論　033
物質　036
道具主義　041
原理的に不可能　043

2章　あと科学とか

相対性理論　050
カオス理論　055
エントロピー増大の法則①　059
エントロピー増大の法則②　064
ボルツマン　067
散逸構造論①　073
散逸構造論②── ゆらぎ　075
散逸構造論③　076
力　079
4つの力　082
不確定性原理　085

3章	**量子力学とか**

波動と粒子の2重性	**092**
波派VS粒子派の戦い①	**095**
波派VS粒子派の戦い②	**099**
波派VS粒子派の戦い③	**101**
2重スリット実験①	**106**
2重スリット実験②	**113**
2重スリット実験③	**116**
2重スリット実験④	**122**
2重スリット実験⑤	**129**
コペンハーゲン解釈	**132**
2重スリット実験の哲学的解釈	**139**
シュレディンガーの猫①	**145**
シュレディンガーの猫②──よくある疑問A	**152**
シュレディンガーの猫③──よくある疑問B	**158**
抽象的自我	**169**
多世界解釈	**174**
多世界解釈の問題①	**179**
多世界解釈の問題②	**185**
多世界解釈の問題③	**188**
多世界解釈の問題──完結編	**193**
パイロット解釈	**199**
パイロット解釈の問題	**205**
解釈問題	**211**

4章　科学哲学史とか

帰納主義	224
帰納主義の問題	227
論理実証主義	231
論理実証主義の問題	236
反証主義	241
反証主義の問題	246
ポパーの決断	251

5章　もっと哲学的な何か

人工知能の心	256
チューリングテスト	258
思考実験①──双子のクローン赤ちゃん	263
クオリア①	267
クオリア②	270
クオリア③	272
思考実験②──どこでもドア	276
ゾンビ問題	286
自由意志	292
思考実験③──どこでもドア2	297
脳分割問題①	305
脳分割問題②	313
脳分割問題③	320
思考実験④	324

あとがき	339
参考文献	342

1章

哲学的な何か

すべての理論は、
説明できない「思いこみ」からできている!?
そんなバカな!　と決めつける前に、
そもそも理論とは何かということを押さえておこう。

不完全性定理
すべての理論は不完全、完全な理論なんかない

一般的に言って、「数学的に証明された」ことについては、もう議論の余地はない。

どんなに年月が経とうと、決して反論されることもなければ、科学理論のように、よりすぐれた理論に取って代わられることもない。主義主張にも善悪にも関係なく、また、どんな嫌なヤツが言ったとしても、数学的に証明されたことは常に正しい。

まさに絶対的な正しさ。「数学的証明」こそ、永遠不変の真理なのである。だからこそ、数学を基盤にし、証明を積み重ねていけば、いつかは「世界のすべての問題を解決できる1つの理論体系」「世界の真理」に到達できるのではないかと信じられていた。

さて、1930年頃のこと。数学界の巨匠ヒルベルトは「数学理論には矛盾はいっさいなく、どんな問題でも真偽の判定が可能であること」を完全に証明しようと、全数学者に一致協力するように呼びかけた。これは「ヒルベルトプログラム」と呼ばれ、数学の論理的な完成を目指す一大プロジェクトとして、当時世

界中から注目を集めた。

そこへ、若きゲーテルがやってきて、
「数学理論は不完全であり、決して完全にはなりえないこと」
を数学的に証明してしまったから、さあ大変。

ゲーデルの不完全性定理とは以下のようなものだった。

1）第 1 不完全性定理
「ある矛盾のない理論体系の中に、肯定も否定もできない証明
不可能な命題が必ず存在する」

2）第 2 不完全性定理
「ある理論体系に矛盾がないとしても、その理論体系は自分自
身に矛盾がないことを、その理論体系の中で証明できない」

数学的証明は難しいので、要点を簡単に言おう。たとえば、ボク
が、「ボクは嘘つきだ」と言ったとする。もしこの言葉が「真実」
であれば、ボクは「嘘つきである」ことになるが、そうすると「嘘
つきなのに、真実を言った」ことになってしまい、おかしなこ
とになる。一方、この言葉が「嘘」だとすれば、ボクは「正直
者である」ということになるが、そうすると、「正直者なのに、
嘘を言った」ことになってしまい、おかしなことになる。結局、
ボクの言葉が、真実でも、嘘でも、おかしなことが発生してし
まうのだ。

これは、「自分自身について真偽を確かめようとするときに発生してしまうパラドックス」であることから、一般に「自己言及のパラドックス」と言われている。

ちなみに、「ボクは正直者だ」といった場合でも、似たようなことになる。まず、この言葉が「真実」だった場合、正直者が「自分は正直者だ」と真実を言ったことになるので、問題なく成り立つわけだが、この言葉が「嘘」だった場合でも、嘘つきが「自分は正直者だ」と嘘を言ったことになるので、これまた問題なく成り立ってしまうのだ。つまり、「ボクは正直者だ」という命題は、真でも偽でも、どちらでも成り立ってしまい、結局、真とも偽とも決められないのである。

ようするに、「おれって正直者（嘘つき）なんだよねー」と、自分で自分のことを言及したところで、自分では、その言葉の正しさを絶対に証明できない、って話だ。

ともかく、このような自己言及のパラドックスが、数学においても同様に発生することが証明され、すなわち、数学理論において、証明も反証も不可能な命題が含まれることを示している（第1定理）。

そして、数学理論において、証明不能な命題を含むということは、自らの体系が正しいと証明することが不可能であるという

ことが導かれる（第2定理）。

この不完全性定理（自己言及のパラドックス）の考え方は、数学のみならず、理論体系一般すべてに適用することができる。そのため、哲学者、科学者、法律家など「論理的に突き詰め、矛盾を解消していけば、いつかは真理（絶対的に正しいと言える理屈）にたどり着けると信じていた人々」に大きな衝撃を与えた（ゲーデルショック）。

不完全性定理は述べる。
「どんな理論体系にも、証明不可能な命題（パラドックス）が必ず存在する。それは、その理論体系に矛盾がないことをその理論体系の中で決して証明できないということであり、つまり、おのれ自身で完結する理論体系は構造的にありえない」

我々が、理性により作り出した理論体系が真理に到達することは決してないのである。

※注記
ところで、不完全性定理を持ち出して「理論体系は必ず不完全なものにならざるをえないのです！」と主張する論述は、著名な数学の大学教授も含めて昔からよく言われている話であるが、実はこの語り口には多くの異論がある。いや、むしろネットの掲示板などでは格好の炎上ネタと言ってよいだろう。たとえば、こんな感じのケンカ腰のやり取りはネット上にいくらでも転がっている。

「不完全性定理は、数学のある特殊な条件においてのみ発生するものであって、これをもって理論一般についてすべてが不完全だと唱えるということは、まったくもって不完全性定理を理解していない証拠だ！」

実のところ、この批判は正しい。が、一方で、そもそもは、フレーゲやラッセルらといった哲学者兼数学者が、「数学って結局、記号をあるルールに基づいて操作しているだけだよね、つまり、論理学の世界で全部記述できちゃうよね」といった観点から「数学の完成」を目指したところ、「ラッセルのパラドックス」などの自己言及的なパラドックスが次々と見つかってしまい、ヤバいヤバいと「数学の危機」が叫ばれているなかで、それと類似するパラドックスを、ゲーデルが数学上で再現してしまった……という歴史的経緯があることを忘れてはならない（そして、実際、その結果として、ヒルベルトプログラムの野望は完全に破綻した）。

こうした経緯から、「不完全性定理＝完璧な論理の体系を作る野望にトドメをさした最終兵器」という意味合いでよく引き合いに出されるようになったわけであるが、その弊害として、そういった歴史的な背景を踏まえず、「すべての理論体系は不完全である。なぜなら不完全性定理によって『証明』されたからだ」と単純な言い方をする、聞きかじりの人たちが急増。そのため数学畑の人から、「それは誤解だ！」とめっちゃキレられるということが、ネット議論の風物詩になってしまった。

なので、人によっては「不完全性定理」という用語を持ち出しただけで「また、あの手合いか！」と拒絶反応されることも多く、危険なキーワードであることは間違いないので取り扱いにはぜひご注意を。

公理①
すべての理論は、証明不可能なものからできている

ユークリッド幾何学とは、我々が、小学校や、中学校で学ぶ幾何学のことだ。

ようは、まっ平らな紙の上に描いた「点・直線・平面」などを取り扱う図形の学問だ。この幾何学の歴史は古く、紀元前300年頃、エジプトの学者ユークリッドにより体系化された。

さて、ユークリッドは、どうやって、この幾何学を作ったのか。ユークリッドは、まず5つの公理を定義し、それらを組み合わせて論理的に考えることで、いろいろな法則を発見していく、という手法を用いた。

公理とは、「証明する必要のない、明らかに自明な法則」である。

たとえば、ユークリッド幾何学の5番目の公理は、平行線公理と呼ばれ、「平面上に、絶対に交わらない2本の線（平行線）を引くことができますよ～」ということを述べたものである。

たとえば、右図を見たとき、この線Aと線Bをどれだけ無限に延ばしても、絶対に交わることがないのは、証明するまでもなく、直感的にわかるだろう。

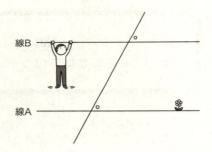

このような「証明する必要もないくらい自明な法則」である公理をもとにして、論理的に考えていけば「三角形の内角の和は、180度である」などの定理が導き出せる。さらに、この定理を利用して、次々と定理を発見していき、こうして積みあがった定理の山が幾何学体系というわけだ。

ユークリッド幾何学は、非常に自明な公理をもとにして成り立っており、人間の直感的な理解と一致していたので、幾何学は「正確な客観的事実を記述するもの」と考えられていた。

だが、ちょっと待ってほしい。1つ重大な問題点を見逃してはならない。

公理が自明とはいっても、証明はされていないのだ。

したがって、幾何学は、証明されていない法則を土台として成

り立っているということになる。だから、もし、本当に、万が一にでも、公理に間違いがあったとすれば、公理から導き出された定理もすべて間違っているということになり、歴史ある幾何学体系は一瞬にして崩壊してしまう。

とはいえ、もちろん多くの人は、
「こんなにシンプルで美しく、何より、客観的な世界を正確に記述できている幾何学に誤りがあるはずはない」
と考えていたし、
「おそらく、幾何学の公理を勝手に別のものに変えてしまえば、理論体系として矛盾が生じるはずだ。だから、幾何学が理論体系として矛盾がないためには、必然的に今の公理しかありえないのだ」
と考えて、ユークリッド幾何学の公理は絶対的に正しいとされていた。

しかし、1830年頃、数学の天才ガウスが、この問題に挑んだ結果、なんと、5番目の「平行線の公理」を「平行線も交わる」という公理に置き換えても、幾何学として矛盾が発生せず、それどころかまったく新しい幾何学体系が作られることを発見してしまった。この幾何学は、非ユークリッド幾何学と呼ばれ、簡単に言えば「歪んだ紙の上に書いた図形」を取り扱うものであり、三角形の内角の和は180度にはならない。

非ユークリッド幾何学は、ユークリッド幾何学とまったく反す

る公理を用いたにもかかわらず、なんら矛盾が発生しなかったのだ。

これは学問をやっている者にとって、非常にショッキングなことだった。

そもそも、幾何学のみならず、数学、哲学、ありとあらゆる学問は、ある一定の公理（＝証明は不可能だが、正しいとする暗黙の了解）をもとにして、論理的に組み立てて体系化されたものである。

無から理論を組み立てることはできない。

どんな理論体系にも、必ず、最初に公理が存在しなくてはならないのだ。

古い時代には、その公理から組みあがった理論体系に矛盾がいっさいなければ、その公理も含めて、その理論体系が正しいのだと信じられていた。

しかし、非ユークリッド幾何学の発見により、理論体系の無矛盾性が、公理の「正当性」を表すことにはならず、まったく別の公理に置き換えたとしても、何ら矛盾が起きないことが明らかになってしまった（そして、相対性理論による空間の歪みの発見により、むしろ現実に近いのは非ユークリッド幾何学の公

理であり、自明だったはずのユークリッド幾何学の公理が実際
には人間の思い込みだったことが明らかになる）。

このことの最大の問題点とは、
「適当に、好き勝手に、公理を決めてしまっても、無矛盾な理
論体系をいくらでも作り出せる」
ということなのだ。

この事件以降、あらゆる学問の理論体系は「絶対的な真理の記
述」ではなくなり、「ある一定の公理をもとに、論理的思考の
蓄積で作られた構造物」とみなされるようになっていった。

そして、それから100年後、ゲーデルが不完全性定理として、
「我々が、どんなにうまく公理を選択して無矛盾に見える理論
体系を構築しようとも、その理論体系の無矛盾を自分の理論体
系の中で証明することは不可能であるため、選んだ公理が本当
に正しいのか証明することは、絶対にできません」
と述べることによって、理論体系は完全にトドメをさされた。

公理②──ルイス・キャロルのパラドックス
論理だって、証明不可能なものからできている

公理とは、「証明不可能な暗黙の了解」である。すべての理論体系（科学、数学、哲学など）は、いくつかの公理から、論理的に導き出された構築物である。

だが、「論理さえ公理（暗黙の了解）にすぎない」と『不思議の国のアリス』の作者であるルイス・キャロルは、自分の作中で述べている。

以下は、その内容の要約だ。

アキレスは、頭の回転の遅いカメに、ある命題が論理的に正しいことを説明しようとしていた。

前提1　A＝Bである。
前提2　B＝Cである。
　　　　　　↓
結論　　A＝Cである。

アキレス「というわけだ。つまり、論理的にこうなるのさ」

カメ「ん〜、わからないよ」

アキレス「論理的に考えたら、間違いなくこうなるだろ！」

カメ「ん〜、なんで間違いなく言えるの？　僕もそんなに馬鹿じゃない。Ａ＝Ｂはわかった。Ｂ＝Ｃもわかった。でも、Ａ＝Ｂ、Ｂ＝Ｃだったら、どうしてＡ＝Ｃになるの？　何の必然性もないじゃない。ちゃんと、説明してよ」

アキレス「だから、Ａ＝Ｂ、Ｂ＝Ｃが正しければ、Ａ＝Ｃが成り立つんだってば！」

カメ「そんなことどこにも書いてないじゃないか。そんな前提があるんなら、それをちゃんと追加してよ」

アキレスは、仕方なく、それを追加する。

前提１　Ａ＝Ｂである。
前提２　Ｂ＝Ｃである。
前提３　前提１、前提２が正しいとき、Ａ＝Ｃが成り立つ。
　　　　　　↓
結論　　Ａ＝Ｃである。

アキレス「どうだ？　これでわかっただろ！」

カメ「ん〜、やっぱりさっきと同じだよ。前提１, ２, ３はそれぞれ理解したよ。でも、それでなんでＡ＝Ｃになるのかわからないよ。どうして？」

アキレス「だ・か・ら〜、論理的に考えれば、そうなるだろ！」

カメ「どうして？　論理的だからとか、そんなお題目はいいか

ら、ちゃんと説明してよ」

アキレス「よく、見ろよ！ 『前提１、前提２が正しいとき、Ａ
＝Ｃが成り立つ』って、前提３で言っているだろ！」

カメ「なるほどね。前提１と前提２が正しいという条件が付け
ば、Ａ＝Ｃになるんだね」

アキレス「そうだ」

カメ「じゃあ、そうするとさぁ～、前提１と２と３の全部が正し
く成り立つときに、初めてＡ＝Ｃになるって言えるんじゃな
いの？」

アキレス「う……。ま、まあそのとおりだが」

カメ「さっきと同じだね。そんなこと、どこにも書いてないじゃ
ないか。ちゃんと、厳密にやってよ～。それが論理的というこ
とじゃないの～？」

アキレス「…………」

こうして、アキレスは、さらに「前提１、前提２、前提３が成
り立つなら、Ａ＝Ｃが成り立つ」という新しい前提４を追加す
るハメになり、それが永遠と繰り返されるのであった。

さて、このルイス・キャロルの物語は、つまるところ「Ａ＝Ｂ、
Ｂ＝Ｃならば、Ａ＝Ｃ」という基本的な論理に対しても、そう
なるべき必然性などなく、それを論理的だと信じている人も、
結局は、「だ・か・ら～、成り立つんだってば！ てめえ、い
い加減にしろよ！」という非論理的な部分に依存している、と
いうことを示している。

結局のところ、「論理性というものも、暗黙の了解によって成り立っており、それは証明不可能な前提の1つであって、本質的に公理と同様である」ということであり、我々が行う論理的思考とは、実は「証明不可能な思い込み」の1つなのである。

我思う、ゆえに我在り
この世に絶対的に正しいと言えるものなんてあるの？

コラムタイトルは誰でも知っているデカルトの有名な言葉だが、これは「俺が考えているってことは、俺がいるんだなぁ」という単純なものではない。もう少し深い意味を持つ。

この世で、「もっとも確かなこと」は、なんだろう？
この世で、「まったく疑う余地のないこと」は、なんだろう？
これをデカルトは考えた。

たとえば、目の前にある世界は、本物だろうか？　いやいや、これは幻なのかもしれない。夢なのかもしれない。夢を見ているとき、これが夢だとは気がつかないではないか。今、見ているものは、実際には存在しないのかもしれない。これが夢、幻じゃないと、どうやって証明できるだろう。そんなことは、原理的に決してできない。

じゃあ、数学は？　学問は？　論理は？

いやいや、それが正しいと思うのは、思い込みかもしれない。夢を見ているとき、論理的におかしなことが起きても、それを

おかしいと感じない。

では、やはり「絶対的に正しい」と宣言できるものは何もないのか?

デカルトは、すべてを疑った。

疑って、疑って、疑いつづけ、それでも正しいといえるものは何かを根気強く考えつづけた。そしてある日、天啓のような考えがひらめく。

「我々が認識するものは、すべて嘘かもしれない。でも、それを疑いつづけているものがいるということだけは真」であると。

つまり、「疑っている」ということを疑ったとしても、やっぱり「何かを疑っている」ことは真なのだ。「すべてが夢であっても、夢を見ているものが存在すること」は決して疑えない。

この世のすべてが、信じられないものであろうとも、それを「疑っている何者かが存在すること」は、絶対的な真実なのだ。

これが「我思う、ゆえに我在り」という言葉の本質的な意味である。デカルトは、この言葉を「決して疑えない確かな真実」として、哲学の第一原理にすえたのである。近代哲学は、デカルトから始まる。

025

論理①
論理的思考には、必ず「飛躍」と「矛盾」がある

論理的とはいったいどういうことだろう?

たとえば、「A＝B，B＝Cならば、A＝C」というのは論理的な思考の結果だ。

だが、そもそも「A＝B」、つまり「AはBである」というのはいったいどういうことだろう?

何をもって、「AとBが同じ」だとみなしているのだろう? そもそも、世の中に完全に同じものなんてあるのだろうか?

いや、仮に百歩譲って「AとBがまったく同じだった」としよう。そうすると、「A＝B」とは、「A」を「B」という別の言葉で言い換えているだけであり、本質的には「A＝A」ということにすぎなくなる(だって、AとBはまったく同じなのだから)。

そうであれば、結局のところ、「A＝B，B＝Cならば、A＝C」というのは、「A＝A＝A。Aは、Aであり、Aである」と言っていることになり、何も意味を成さない。

つまり、「A＝B」や「AはBである」という言葉が意味を成すのは、あくまで「AとBが違う」ときだけである（だって、もし、どこにも違いはなく、まったく同じものの言い換えにすぎないのだとしたら、「AはAである」と言っているのとまったく変わらないことになる。それは無意味な宣言だ）。

そうなのだ。ボクらが論理的思考の名のもとに、「AはBである、だから……」と宣言するとき、それは、あくまでも「AはBではない」ということが前提として成り立っている言葉なのである。

結局のところ、「AとBは、厳密には違うものだけど、この際、同じだと決めつけちゃおう」ということであり、この飛躍した決めつけによって、初めて「意味」が生じているのである。

ボクらが「AはBである、だから……」というとき、そこには確実に「飛躍」と「矛盾」があるのだ。それが論理的思考の正体である。

027

矛盾
矛盾するのは、あなたの「思い込み」と「決めつけ」

そもそも、矛盾というものは、「公理」によって存在しているにすぎない。

たとえば、矛盾というのは、こんな感じだ。

1)「AはBである」
2)「AはBではない」
3)「AはBである。AはBではない。は同時に成り立たない」
　　　↓
結論）矛盾じゃん！

上記の場合、1)2)3)が公理だ。公理とは、「証明できないけど、とにかく正しいんだよ！」という暗黙の了解（思い込み）である。

でもだ。
「なんで、それじゃあダメなの？ 『AはBである』『AはBではない』が同時に成り立っても、別にいいじゃん。成り立っちゃいけないって、アンタがそういう公理を勝手に持ち出して、勝

028　1章　哲学的な何か

手に作ったことでしょ？　そんなのに何で従わないといけない
の？」
と問いつめられたとしたら、結局のところ、「うるさい、そう
に決まってんだよ！」と言うしかない。

「だって公理なんだも～ん」ということだ。

実際、量子力学によれば、光は「粒子」として観測されること
もあれば、「波」として観測されることもある。だが、常識か
らすれば、「光」は「粒子と波のどちらかである」はずであり、
同時に成り立つことなんかありえないと思える。でも、そんな
の、光から言わせれば「それがどーした。んなこたあ俺には関
係ねぇ。そんなのおまえらの考え方がおかしいんだ」というこ
とになる。

結局のところ、人間が作り出さないかぎり、矛盾なんて存在し
ない。

たとえば、$\sqrt{-1}$ なんか、普通に考えたら絶対に矛盾だ。実数し
かないとする理論体系の上では、「2乗したら、-1 になる数」
なんて絶対に存在しないことが簡単に証明できるし、そんな数
を想像することもできない。

でも、「2乗したら、-1 になる数、虚数 〈i〉 があるとしちゃ
いましょう」ということにすれば、もう $\sqrt{-1}$ は矛盾ではなく

なる。

「だって、そういう数字があるんだも～ん。あるって決めたんだも～ん」ということだ。

つまり、
「矛盾がなくなるように、『そういう数字があるという公理』に変更しちゃいました」
ということだ。

だから、誰かが「それは矛盾だよ！」と言ったとしても、それは単に「自作自演」なのだ。

だって、「そういう矛盾が発生するように、『公理』を勝手に決めた」のは、そいつ自身なのだから……。

我々が「矛盾」に出会ったときに本来すべき行動は、「矛盾そのもの」の解決ではなく、「矛盾を構築している公理（勝手に真だと考えているもの）の発見」と「自分自身の公理の変更」なのだ。

論理②──言語ゲーム
ダマされるな！ 論理的な話に聞こえても、実は自作自演さ

前の項では、「AはBである」という言葉について、「A＝B」
という観点で考えてきた。だが、一般的には、「AはBである」
は、「AはBに含まれる」という意味で使われることが多い。
たとえば、「ボクは人間である」は、「ボク」が「人間」という
カテゴリに含まれている、という意味だ。

だが、ちょっと待ってほしい。「ボクが人間というカテゴリに
含まれている」となぜそんなことが言えるんだろうか？ いっ
たい、何の根拠があって、そんなことを言ってんだろうか？

たとえばだ。脳死した体は人間だろうか？ 胎児は人間だろう
か？ 卵細胞は人間だろうか？ と考えてみたとき、そこに「人
間」と「人間でないもの」を分ける明確な境界線などないこと
に気がつく。

何百年も大昔なら「異教徒は人間ではない」「黒人は人間では
ない」という文化を持つ国もあった。これらの言葉にも、「客
観的な根拠」なんかない。それは国とか社会とかが、伝統的に
「そういうもんです」と「決めつけた」だけである。

031

これは「ボクは人間である」という言葉に限ったものではない。人間が使っている、あらゆる言葉がそうなのだ。

これは、哲学史最大の言語哲学者であるウィトゲンシュタインの結論でもある。

言葉とは、客観的な根拠によって成りたっておらず「伝統的文化的に決められた生活様式というルール」を根拠として述べているにすぎない。このことをウィトゲンシュタインは「言語ゲーム」と表現した。

「ボクは人間である」という一見正しそうな言葉でさえ、客観的な根拠を持たず、それを「正しい」としているのは、伝統的文化的なルール、つまり「決めつけ」である。

だから、ある言葉の根拠を示そうとして、いくら言葉を尽くそうとも、その説明のための言葉すら、根拠のないルールをもとに述べられているにすぎない。そうすると、言葉を使って論理的に何かを述べたと思っていても、その正しさの根拠は結局のところ「決めつけ」によるものである。

自分自身で決めたルールの中で、自分自身を正しいとしているのであるから、つまるところ「論理」というものは、「自作自演」なのだ。

032　1 章　哲 学 的 な 何 か

イデア論
あなたは「三角形」を見たことがありますか?

「線」って見たことありますか?

あると答えた人、「ほぉ〜、そうかい、そうかい、じゃあ今すぐオレに『線』を見せてみろ、オラァ!」と問いつめさせてもらいます。

「線なんて、すぐ見せられるよ」と言って、紙に、鉛筆で線を描いた人、「もっとじっくり見てみろ! 幅があんだろ! 幅があったら、線じゃねえじゃん!」と、あなたの頭をつかんで紙に押しつけさせてもらいます。

そうなんです。「線」って誰も見たことないんです。ていうか、見られない。視覚的には、幅がないと見られないけど、そもそも幅があったら線じゃない。

同様に、「点」も「面」も見られない。「三角形」も「四角形」も見られない。世の中には見えないものがたくさんあるんです。

三角形の石を見ても、それはあくまで「三角形っぽい石」であっ

033

て、実際には三角形ではない。よく見りゃ、角が丸まっていたり、ちょっと歪んでいたり……。理想的で完璧な「定義どおりの三角形」を見ることは絶対にできない。

とすると、問題は、
「じゃあ、なんで、見たこともないのに、オレらは『三角形』というものを頭の中で思い浮かべることができるのか？」
ということになる。

こういう問題について、紀元前400年くらいに、プラトンという人が考えた。プラトンさんは大胆だった。

「『三角形』という観念的なものが、どこかに『存在する』んだよ」
と主張したのだ。

この「観念的なもの」を「イデア」（ギリシャ語で「姿形、原型」）、イデアが存在する観念の世界を「イデア界」と名づけた。

プラトンはこう考えた。

人間は、現実世界の「デコボコの三角形っぽい石」を見ているとき、頭の中で「完璧な三角形」を思い浮かべて、「三角形だ」と言う。この「三角形」は、厳密で完璧な三角形であり、つまり「三角形のイデア」である。

ようは、「三角形っぽい石」を見るときに、「三角形のイデア」も同時に見ており、ゆえに「三角形」だと認識できるのである。

そして、「デコボコの三角形っぽい石」はいくらでも破壊することができるが、イデア界の「三角形」は壊すことができない。したがって、現実の世界にある存在よりも、イデア界にある存在こそが、普遍的で本質的な存在なのである。

う～む、紀元前の人なのに、よくここまで考えたね～と感心します。

「私は、見たものしか信じません！」という人だって、「三角形」がどんなものか理解している。見たこともないくせに……。

改めて考えると、不思議なことじゃありませんか？

物質
この世界に確固たる何かがあるわけじゃない

物質っていうのは、いったいなんだろうか？

ちょいと、これについてテツガクしてみよう。

では、問い。

「自転車」は物質だろうか？

自転車は、見たり触れたりできるので、単純に「物質ですよ」と言いたいところだが、よく考えてみよう。

まず、自転車とは、ハンドルとかペダルとかサドルとか、いろいろな部品から構成されている。そういうたくさんの部品の構成によって、
「人間がペダルを漕いで進むことのできる乗り物」
という性質（システム）が発生している。

そして、その「性質」に対して、人間が勝手に便宜的に「自転車」という名前を付けただけである。

それが証拠に、「自転車」から、ハンドルとか、サドルとか、そういう部品をひとつひとつ取り外してみよう。「自転車」というものを取り外したわけでもないのに、そこから「自転車」というものは消え去ってしまう。逆に、取り外した部品をもう一度組み立てたら、そこにいきなり「自転車」が現れる。また、組み立てるとき、別のハンドルに取り替えたっていい。部品は交換可能なのだ。それでも、そこに「自転車」が現れる。

この話から、「自転車」とはあくまで、「複数の部品の構成によって、発生した性質（システム、仕組み）について、人間が便宜的に名前を付けただけである」ということがわかる。

つまり、「自転車」という存在は、独立した確固たるものではなく、観念的なものなのだ。

では、自転車を構成している「ハンドル」はどうだろうか？ ハンドルは、鉄とかアルミとかでできている。その鉄原子の塊が、「ある形」になって、人間がつかむことができるという性質を持つので、「ハンドル」という名前が付けられているわけだが……。これも同様に、ハンドルを構成している「鉄原子」という部品をバラバラに分解してしまったら、「ハンドル」という存在は消え去る。

「ハンドル」も観念的な存在である。

自転車のときと同じ論法だ。

じゃあ、次。

そのハンドルを構成している「鉄（鉄原子）」は物質だろうか？

「そりゃあ、そうでしょ。『鉄』は物質だよ。決まってんじゃん」
とまあ、普通はそう考える。

だいたいのところ、日常的には「物質」という言葉を聞くと、「鉄」とかそういう硬い何かを思い浮かべる。

だが、待ってほしい。ここには1つの思考停止がある。

なんで、自転車のときと同じ論法を「鉄」に対してもやらないのだろう。だって、「鉄原子」も、やっぱり部品の集まりにすぎないのだ。

鉄原子は、「原子核と電子」で構成されている。

そこには「鉄原子」という独立した確固たる何かがあるわけじゃない。

038　1章　哲学的な何か

「原子核と電子」という集まりによってできた性質に対して、人間が便宜的に「鉄原子」という名前を付けただけだ。原子核と電子をバラバラにしてしまったら、もうそこには「鉄原子」なんかない。

自転車のときと同じ論法だ。

で、その原子核も、中性子と陽子が集まってできたものだ。これも自転車のときと同じ論法が使える。

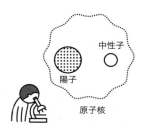

原子核という確固たる存在があるわけではない。

で、陽子は、クォークが集まってできたものだ……。これも自転車のときと同じ論法が……。

いったい、どこまでそれが続くのだろうか？

結局のところ、人間は、
「ある要素Ａと要素Ｂが集まってできた性質（システム）に対して、『これはＸである』と名前を付ける」
ということをしており、そういう存在を「物質」だと呼んでい

るのだ。

その階層はどこまでも小さく、どこまでも大きく続く……。

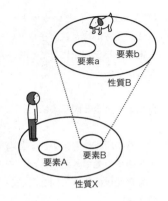

もし、鉄を物質と呼ぶのなら、自転車も、会社も、国家も、太陽系も、銀河系も、宇宙も、すべて同等の物質だと言うことができる。

逆に、「会社」も「国家」も、物質ではない、人間の便宜的な観念的な存在だとするならば、鉄だって、陽子だって、クォークだって同じ論法で、便宜的な観念的な存在になってしまう。

結局のところ、国家と鉄原子は、同じレベルの存在なのである。

したがって、「国家は物質ではない。鉄原子は物質である」なんていう考え方には何の根拠もない。本来、国家と鉄原子を隔てる理屈なんて、本当はないのである。

物質とは何か？

探求は続く。

道具主義
役に立ちさえすれば、理論はなんだっていい

「概念、理論は、それらがいかに精密で無矛盾であっても、仮説とみなされるべきである。概念、理論は、道具である。すべての道具と同様に、それらの価値は、それ自身の中にあるのではなく、その使用の結果、あらわれる作業能力（有効性）の中にある」——デューイ

道具主義とは、「科学理論の役割は、結果の予測をすることなんだから、予測と結果に整合性さえあれば、理論は何でもいい」という考え方だ。

たとえば、キミがある実験をしていたとして、その実験結果とたまたまぴったり合う方程式を見つけたとしよう。だが、その方程式は、虚数などが出てきて非現実的で、しかも実験とはなんら関係のない数式に見える。キミは、この方程式を世の中に発表するだろうか？

もしかしたら、「いやいや、実験結果と合っているのは偶然かもしれない。この方程式の理論的な意味づけがわからないのに、方程式がこの実験と関連していると決めつけるのは早い」と考

041

えるかもしれない。しかし、道具主義者は言う。その方程式が、その実験のどんな理論を示しているか考える必要はないと。

ある事象AとBが継続的に発生することが確認されているとき、そこに方程式Xを仮定するとA→Bを説明できるのであれば、方程式Xそれ自体の根拠は示さなくても、その方程式を科学理論として採用しても差し支えないとする。

ここで重要なのは、「方程式Xの根拠なんていらない」ということではなく、「方程式Xの根拠などは、いくらでもひねくり出せる。そして、どの根拠が正しいか知る術はない」ということだ。頭の良い学者にかかれば、根拠となる理論的説明などいくらでひねくり出せるのだから、それらの正当性をいちいち検証していてもしょうがない。それに方程式Xの根拠のために、理論的説明（方程式Y）を作り出すのであれば、結局、方程式Yへのさらなる根拠が必要になるだけだ。

ニュートンの方程式でさえ、「重力は、物体間の距離の2乗に反比例する」という数式を「なぜそうなっているのか」という理論的な説明もなしに物理学の基礎として置いている。

つまるところ、人間は、理論の正当性を決める絶対的な基準を持たないのだから、せいぜい人間が持ちえる妥当な基準は「人間にとって役立つ知識であるかどうか」なのだ。

原理的に不可能
あなたはもう世界を「革命」するしかないでしょう

「原理的に不可能です」という言葉があり、本書でもよく使っているが、そもそも、この「原理的に不可能」とはいったいどういうことだろうか？　本当に「不可能」なのだろうか？

人類は進歩することによって、今まで「不可能」だったことを「可能」にしてきたじゃないか！

いやいや、そういうことではない。

「原理的に不可能」は、ただの「不可能」とはわけが違うのだ。

禅に、こんな物語がある。

夜中、いきなり師匠が飛び起きて、弟子たちをたたき起した。

師匠「こんな夢を見たんだ！　誰かこの謎を解いてくれ！」

それはこんな夢だった。

ツボに入っていたガチョウの卵が、そのまま孵化してしまった。
このまま、放っておいたら、ヒナのガチョウは死んでしまう。
しかし、そのヒナのガチョウは、ツボから出るには大きすぎた。
だから、ガチョウをツボから出すためには、ツボを割るしかな
いのだが、そのツボは非常に高価なもので、とても割るという
決断はできなかった。

師匠「いったい、ワシはどうすればいいんじゃ！」

そう言って、錯乱した師匠は、弟子たちを殴りはじめた。

そこで弟子たちは、一所懸命、頭を使って、何か方法はないか
考えはじめたのだが、どう考えてもうまい方法は見つからな
かった。

しかし、師匠は「グズグズするな！」と決して弟子たちを許さ
ず、「なんとかしろ！」と殴りつづけたという……。

どんなに考えても、
ガチョウを助けるためには、やっぱりツボを壊すしかない。
でも、ツボは壊したくない。
でも、ツボを壊さなければ、ガチョウは死んでしまう。
でも、ガチョウを助けてあげたい。
結局、どう頑張っても、同時に両方を救うことはできない。

「原理的に不可能です」というのは、この状況によく似ている。

たとえば、ゲーデルの不完全性定理によって、数学は「不完全である」と証明されたが、それを覆すことは原理的に不可能だ。まず、そもそも、「数学は不完全である」というのは、「数学の証明によって出てきた結論」である。

ゲーデルは、数学理論の中に「パラドックス（正しいとしても間違っているとしても矛盾が生じてしまう命題）」が、「必ず存在してしまう」ということを数学的な手続きで証明したのだ。

したがって、数学者は、
「数学によって証明されたことは正しい（＝数学は正しい）」
という前提を承知するならば、
「数学は不完全である」
という結論を承知しなければならない。

もし、それでも、偏屈な数学者がいて、
「いいや、数学は、不完全なんかじゃありません！」
「不完全性定理こそ間違っているんじゃないのか！」
と不完全性定理を認めないとしたら、彼は、
「数学の証明によって出てきた結論が間違っている」
と述べることになってしまうわけで、
そうすると、彼は、
「『数学は正しい』という前提が間違ってま〜す」

045

という結論を承知しなくてはならない。

——結局、どちらにしても、数学を救うことはできない。つまりは、ある「正しい前提」にしたがって「不可能」という結論が出てるときに、無理やり「不可能」を可能にしてしまうと、「正しい前提」もいっしょに壊れてしまう、という話だ。この意味で、数学を完全なものにすることは「原理的に不可能」である。

ようするに、「原理的に不可能」とは、理論に刺さった致命的なトゲである。やっかいなのは、そのトゲを壊してしまうと、理論のほうも崩壊してしまうことだ。

だって、そのトゲも理論の一部なのだから……。そのトゲは理論全体につながっているのだから……。

結局、そのトゲが、どんなに痛々しくても、我々は何もできずに、見ていることしかできない……。

今、哲学や科学に元気がなく、
「がんばって、いつか不可能を可能にします！」
と少年のように目を輝かせていないのは、このような原理的な問題（トゲ）をどんどん見つけてしまい、気がついたらトゲだらけで動けなくなってしまったからだ。

「原理的に不可能」

我々は、それをどうやっても可能にできない。

●補足
ところで、禅の話には続きがある。

「ガチョウは外に出ています!!」
と言って、師匠を殴り返した弟子だけが許され、後継者として
選ばれたそうだ。

ようするに、
「ガチョウは外に出ています!!」
もしくは、
「そんなもん夢だろぉが! バカなこと言ってんじゃねぇよ!」
と、師匠をぶん殴って、前提自体をぶち壊す勇気を持つものし
か、原理的に不可能な物語を乗り越えられないという話だ。

「原理的に不可能」

それでも、どーしても、ひっくり返したいなら……もはや「世
界を革命する」しかない。そういうことだ。

2章

あと科学とか

相対性理論、カオス理論……
聞いただけで頭が痛くなる理論だって、
おおもとの発想は意外に単純だったりして。
数式を使わない、超簡単な科学理論解説スタート!

相対性理論
だって「距離」と「時間」のほうを変えるしかないじゃん

アインシュタインの相対性理論は、難しくて常人には理解できないと思われがちだが、そんなことはない。発想を知ってしまえば、非常に単純なものだ。

まずは、相対性理論誕生の背景から説明しよう。

そもそも、アインシュタインの時代に、「マイケルソン・モーリーの実験」という有名な実験があったのだが、この実験結果があまりに不可思議であったため、物理学はこの結果を説明するための新しい理論を構築する必要性に迫られていた。

その不可思議な実験結果とは何か……。

それは、「地上のどの方向から観測しても光の速度は一定である！」という衝撃の実験結果であった。

なぜ衝撃的かというと、地球は、地上からだと止まっているように見えるが、実際には、宇宙空間をものすごいスピードで移動、そして回転しているのである。それにもかかわらず、どの

方向から観測しても、光の速度は変化しなかったからだ。

それはおかしい。

たとえば、

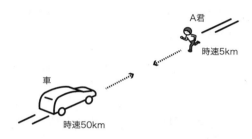

のようなとき、
A君は、車の進行方向とは逆に運動しているのだから、「A君から見た車の速度」は、「50＋5＝時速55km」となる。

だったら、

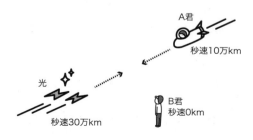

の場合は、

・運動しているA君から見たら、
光は「30万＋10万＝秒速40万km」
・静止しているB君から見たら、
光は「30万＋０＝秒速30万km」
となるはずだ。

でも、「マイケルソン・モーリーの実験」によれば、そうはならない。

つまり、「観測者の運動に関係なく、光の速度は一定であった」ということであり、上図の場合、A君から見ても、B君から見ても、光の速度は、「秒速30万km」と同じなのである。

これは、「矛盾」だ。

矛盾があったときはどうすればいいか？

簡単だ。矛盾が起きないように、既存の方程式を書き換えちゃえばいいのだ。

アインシュタインもそう考えた。

「観測者の運動に関係なく、光速度は不変です」というのが実

験結果の結論なのだから、それを素直に受け入れればいい。

そして、「絶対に光速度が変化しないように、力学の方程式を無理やり修正しました」とやったのだ（つまり、「光速度は常に不変」を「公理」として、新たに理論体系を構築したのである）。

そうすると、どうなるのか。

そもそも、速度とは、

速度　＝　距離　÷　時間

である。

それで「速度が一定」なのだから、こうなったらもう「距離」と「時間」のほうを変えるしかない！

したがって。秒速 10 万 km で運動している A 君と、静止している B 君が、光を同じ速度で見るためには……それぞれの「距離」と「時間」を無理やり調節するしかなくて、そうすると結局、
「観測者ごとに、時間と空間の定義が異なる」
という以下のような、相対性理論としてお馴染みの法則が導かれることになる。

１）物体が、光速に近づいていくと、時間の流れが遅くなって

053

いく。
２）物体が、光速に近づいていくと、その空間（長さ）が縮んでいく。

というわけで、相対性理論の「運動すると、時間が遅れる」ということについて、感覚的にはわかってもらえたと思う。

相対性理論は、アインシュタインが、いきなり思いついたわけではない。「マイケルソン・モーリーの実験」という矛盾を解決しようとする時代の流れの中で生まれたのである。

※注記
なお、上記までの話は、正確には「特殊相対性理論」と呼ばれるものの説明である。「一般相対性理論」については、またの機会に。

カオス理論
完璧な理論ができたって、未来は予測できない

カオス理論とは何か？

ようするに、
「あまりに複雑になっちゃうと、未来を予測できません」
ということだ。

たとえば、「明日の天気」とか「ヒラヒラと落ちる木の葉の動き」とかの自然現象について、カオス理論では、「複雑だから絶対に未来を予測できません」と述べている。

普通は「ええ？？　そんなことないでしょ」と思うかもしれない。

「どんな自然現象でも、結局は、単純で機械的な物理法則からできているんだから、どんなに複雑になっても、『がんばれば』ちゃんと未来を予測できるんじゃないの？」と考えるのが人情だろう。

でも、カオス理論は、「がんばっても無理！」と言う。

まずは、複雑なシステム（複雑系）について理解しよう。単純な機械をたくさん組み合わせて、どんどん複雑にしていくと、いったいどうなるのか？

そのシステムは、「初期値をちょっと変えただけで、まったく違った結果を生み出す」という性質を持つようになる（初期鋭敏性）。

たとえば、ここに「完璧な天気予報システム」があったとする。風の動きから、気圧、温度など、天気に関係するあらゆる現象を完璧に計算するコンピュータがあったとする。その計算式は、本当に完璧なもので、自然の物理現象を完全に再現したコンピュータなのだから、このコンピュータで計算した天気予報は100％当たるに決まっている。

でもだ。どんなに完全に物理現象を再現したコンピュータでも、原理的には計算するためには必ず最初に初期値を入れてやらなければならない。たとえば、「ある時刻の東京の気温が30℃である」などだ。そういう初期状態を決めてやらないと、何も計算できない。

そこで、実際に気温を測って、初期値として入れてみる。30℃とか。そうしたら、コンピュータは完璧な計算をして、「1週間後の東京は晴れ」という結果が出る。じゃあ、今度は、ちょっとだけ初期値を変えてみる。30.000000001℃とか。そんな

微妙な違いなんて、どうでもいいと思うかもしれない。でも、それで計算すると、今度は「1週間後の東京は雨」という結果になってしまうのだ。

ちょっとでも、初期値を変えると、まったく違った結果が出てしまう。それが初期値鋭敏性だ!

よく、たとえ話として、
「リオデジャネイロで蝶が羽ばたくと、数週間後にテキサスで竜巻が起こる」
などと言われるが、まさに蝶の羽ばたきぐらいの条件の違いで、まったく違った結果が出てしまう。

じゃあ、「初期値を完璧にしてやれば、正確な予測ができるのでしょう」と言われると、まったくそのとおりなのだが、その前に「人間の観測は必ず誤差を含み、決して正確にはできない」という事情が出てくる。

そう、人間は、完璧な観測ができないのだ。

人間は、「目の前の棒が何メートルなのか」すら言うことができない。だって、棒を拡大して、どんどん正確に測っていっても、「2.03043208384029382048203842083 0(以下まだまだ続く)……メートル」と無限に観測が続くことになり、どんなにがんばって測ろうとも、原理的に「オッケー! 完璧

に測りました！」という終わりはないのだ。

その「完璧に測れない、ほんのちょっとした誤差」によって、
1週間後の東京が「晴れ」になったり、「雨」になったりと
……そのシステム（複雑系）の結果が変わってしまう。

だから、
「どんな完璧な天気予報システムを持っていても、やっぱり未来は予測できません」
という結論になるのである。

「人間は、たとえ物理現象を完全に解明したとしても、初期値を完全に観測できないので、決して未来を予測できません」

このカオス理論の結論は、
「今、研究している現象について、どんどん法則性を解明していけば、いつかは、この現象を完全に予測できるようになるはずだ」
と思っていた、当時の科学者たちに大きな衝撃を与えた。

エントロピー増大の法則①
秩序から無秩序へ、永遠に壊れつづける宇宙

エントロピーとは、「無秩序の度合いを示す物理量」である。

具体的には、
「部屋が片付いている状態」(秩序ある状態) → エントロピー小
「部屋が汚い状態」(無秩序な状態) → エントロピー大
ということだ。

エントロピー　小　　　　　　エントロピー　大

無秩序であればあるほど、エントロピーの値は大きくなる。

そして、エントロピー増大の法則とは、このエントロピーが
「自然界（世界）では、常に、『小さい→大きい（秩序→無秩序）』
という方向に進むよ」
ということを表しており、もっとわかりやすく言うと、

「整理整頓された部屋は、そのまま自然に任せておくと、だんだん乱雑になりますよ〜。勝手に整理されるということはありえませんよ〜」
ということだ。

たとえば、コーヒーにミルクを一滴たらして、放っておくと、ミルクはどんどん広がっていき、最後には、コーヒーと完全に混ざってしまう。これは、最初、1カ所に集まっていたミルクの分子が、時間とともに散らばっていったという現象である。つまり「1カ所に集まった状態→バラバラに散らばった状態」になったということで、これを「エントロピーが増大した」と表現することができる。

また、逆に、散らばってしまったミルクの分子が、何かの拍子に、1カ所に集まるということは考えにくい。つまり、「エントロピーが減少する」という現象は、不自然なのだ。だから、コーヒーカップの中のミルクのエントロピーは、常に「小さい→大きい」という増大の方向に進んでいると言える。

この話は、宇宙全体でも同様に当てはめることができて、宇宙にあるすべての物質は、時間とともに、だんだんと無秩序な状態になっていき、それがもとの秩序に戻るということはない。

「宇宙は、時間とともに、エントロピーが増大する」というのが、物理学の常識である。

でも、中には、これに反対している人たちもいる。

ようするに、
「乱雑な部屋でも、人間が片付ければ、部屋は綺麗になるじゃ
ないか!? 人間の活動だって、自然現象の一部だろうが!」
という主張だ。

この主張を大きく広げて、「生命活動は、エントロピー増大の
法則に逆らう唯一の現象だ。生命には、現代科学を適用できな
い」と批判する場合もある。

なるほど。たしかに、人間が掃除をすれば、時間の経過ととも
に、「部屋のエントロピーは減少」していくように見える。

しかし、この主張は間違いで、実際には「部屋＋人間」の全体
のエントロピーとして考える必要があり、そうした場合、ちゃ
んとエントロピーは増大しているのである。

つまり、人間が部屋を片付けるためには、エネルギーを必要と
するが、それは、人間が食物をとって体内で燃焼させた結果で
ある。この燃焼によって「熱および老廃物」が生じる。この人
間の行動によるエントロピーの増大分（肉体という秩序の消費）
は行動結果によるエントロピー減少分（部屋の片付け）より大
きいので、人間を含む部屋全体のエントロピーはちゃんと増大

しているのである。

具体的には、

A「え？　部屋片付けてくれるの？　でも、本当に散らかってて汚いよ。掃除するのに、丸1日はかかると思うよ」
B「いいから。オレにまかせろ。エントロピー増大の法則という現代科学の常識が間違いだってことを証明してやるよ！」
A「うん、じゃあ、まかせたよ！」

…………………そして、24時間後。

A「どう、終わった？　おお！　部屋片付いている！　すごいや、大変だったでしょう!?」
B「へへ……まあな……どうだ、エントロピー増大の法則って間違ってるだろ？」
A「うん、そうだね！　……あ、あれ？　でも、なんか臭うよ……」
B「いや……、汗かいたし……それに、この部屋、閉じられてて、トイレ行けなかったし……」
A「うわっ！　部屋は片付いたけど、おまえ含めたら、前より汚っ!!」

という話だ。

062　2章　あと科学とか

ただし、もっと正確には「閉じた系（システム）で、エントロピーが必ず増大する」ということで、エントロピー増大の法則が成り立つのは、「閉じた系」であるという前提があることを忘れずに。

人間は、供給したり排泄したりして「閉じた系」ではないため、エントロピー増大の法則が成り立っていない。

上の例では、B君が、掃除の合間に部屋を出て、トイレに行って、風呂に入って戻ってこられるという条件を追加すれば、問題なく「部屋＋B君」のエントロピーは小さくなるが、この場合も閉じた系（システム）とはならない。もちろん、「部屋＋B君＋トイレ＋風呂」という全体で見たときは、エントロピーは増大している。

ちなみに、科学の専門家に、「エントロピーって、無秩序の度合いですよね」なんて言ったら馬鹿にされる。もともとは、熱力学の用語なので、正確な表現は違います（数式もちゃんとある）。ここで述べているエントロピーは、通俗的な解釈です。お気をつけて……。

エントロピー増大の法則②
エントロピー増大の法則は、ただの偶然にすぎない?

「世界は、時間とともに『秩序から無秩序へ』という方向に進む」

これがエントロピー増大の法則であった。

では、なぜ、エントロピーは増大するのか?

それは、こういう結論になる。

「偶然だよん。ただの結果論♪」

いや、これホント。

ちょっと、こんな例を考えてみよう。

たくさんの粒子が運動しているとする。それぞれの粒子は、別の粒子と衝突したりしてグチャグチャと動き回っている。この衝突による粒子の運動には特別な意思があるわけじゃないので、粒子はランダムに動いていると考えてよい。

さて、粒子がみんなランダムに動いているとしよう。そうすると、どうなるか……。確率的にいって、必ず、それぞれの粒子の間隔は徐々に広がっていく。

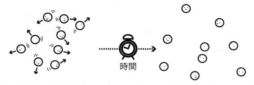

粒子がランダムに動くと···　　　その結果、粒子同士は広がる

「自然は、時間とともに無秩序な状態になっていく」というエントロピー増大の法則の正体は、実は、こんな単純な話だったりする。

すっげえ偶然が起きれば
エントロピーは減少する

だから、たとえば、漂っている何百万の粒子がいっせいに中心に向かって動いたら、当然、エントロピーは減少する。

そして、その偶然が続けば、コーヒーに混ざったミルクが分離することだってありえる。

もちろん、すべてのミルク粒子が、1カ所に向かって動くなんてことは、確率的にないと言ってよい。

というわけで、実を言うと、エントロピー増大の法則は「確率的に正しい」のであって、ものすごい低い確率では、エントロピーが減少することがあってもよかったりする。

ボルツマン
物理学も確率や統計で説明できる

20世紀はじめ（つまり、1900年頃）、「エントロピー増大の法則」はすでに知られていたが、「なんでエントロピーは増大するの？」ということは誰もわからなかった。

わからなかったけれども、科学者たちは、「いいの！　とにかく、エントロピーは増大するの！　物理法則なの！」と主張していたわけだ。

ところで、わかっていなかったのは「エントロピー」どころではない。「温度」や「圧力」すら何なのかわかっていなかった。

「温度」や「圧力」なんて、熱力学において、かなり基本的な物理量なのにもかかわらず……、「温度」や「圧力」の理論体系が完全に構築されているのにもかかわらず……、「で？　それって、結局何よ？」という問いには、誰も答えることができなかった。

この謎に明確な答えを出したのが、ボルツマンという科学者だ。

ボルツマンの答えは、単純。

「温度や圧力といったものは、実は『原子・分子』などの粒子が、ニュートン力学にしたがって、衝突などの運動をしていることによって起きている」と考えたのだ。

衝突しながら粒子が動きまわる
(熱の正体)

つまり、「温度が高い(熱い)」とは、小さい粒子が、激しく運動しているということであり、「圧力が高い」とは、ある壁に向かって、小さい粒子が勢いよく衝突しているということだ。とっても単純明快だ。

だが、ボルツマンの本当にすごいところは、「温度や圧力などの巨視的(マクロ)な現象」を「粒子の運動という微視的(ミクロ)な現象」で説明するための方法として、**確率や統計という概念を初めて物理学に持ち込んだこと**にある。

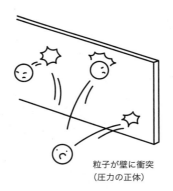

粒子が壁に衝突
（圧力の正体）

ようするに、
「何億個もの粒子の運動ひとつひとつを知ることはとうていできない。が、ひとつひとつの粒子がランダムに運動していると考えて、その統計をとれば、『何億個の粒子全体』の状態をある程度予測することができる」
という話だ。

これは、当時としては、奇抜で画期的な発想だった。

ボルツマンは、この考えをもとにして、「統計力学」という、物理学の一領域を切り開いた。

たとえば、「ある気体が、ある温度のとき、どのくらいの速度で拡散するか？」という問題も、この統計力学を使えば、「気体＝運動する粒子の集まり」とし、「温度の大きさ＝1個当た

りの粒子の運動の大きさ」として、粒子の運動の統計をとれば、その拡散のスピードを計算することができる。それは、実験結果と一致したし、熱力学の理論ともピタリと一致した。

そして、熱力学では謎だった「エントロピー増大の法則」も、統計力学によって、「ランダムに動く粒子の『統計的』な結果にすぎない」と、ものすごく簡単に説明ができてしまう。

結局、ボルツマンは、古い歴史を持つ熱力学のすべての理論が、**「単純な粒子の運動に還元できる」**ということを統計的に証明したと言える。

このボルツマンの成果は、高く評価されており、物理学界の知的巨人の１人である。

しかし……。ボルツマンの画期的な理論は、当時の学会から猛反発を受ける。

熱や圧力を「運動する粒子の集まり」として説明することに大きな抵抗があったのだ。それどころか、多くの科学者は、「原子・分子」が本当にあるとは考えていなかった。ボルツマンの時代、「原子・分子」は、その存在が証明されていなかったからだ。

当時は、「物質は、エネルギー（波）のようなものでできている」という考え方が主流だったので、わざわざ、原子という仮説を

070　2章　あと科学とか

持ち出して、それを統計的に説明しようとするボルツマンの理論は徹底的に否定された。

物理学者で哲学者のマッハも、
「はぁ？　原子、原子って、それが観測されたわけじゃないんだろう？（笑）　つまり実証されていないんだ。実証されていない仮説など、非科学的なものであり排除すべきだ」
と反対した。

そんなわけで、ボルツマンは、学会から嘲笑され、まわりの科学者から徹底的にイジメられるのだった。

さらに、ボルツマンに対して、こんな意地悪な難題が出される。

「キミは『コーヒーに入れたミルクが拡散していくのは、単に確率の問題』だって言うけどさ、その時間反転である『拡散したミルクが集まっていく』という現象って、確率的には絶対に起こらないよね？　つまり、キミの確率の理論は、時間の向きが反転すると、適用できないってわけだ。でも、ニュートン力学の運動方程式って、時間の向きを反転させてもまったく変わらないから、時間が反転しても適用することができる。さ〜て、キミの理論の『時間反転に対する非対称性』は、ニュートン力学のどこにもないが、これはいったいどこから来たんだい？」

この意地悪な難題が出されて、ボルツマンはそれに答えること

ができなかった。

こうして、1906年、ボルツマンは、首吊り自殺をとげる（原因は明らかでないが）。

「統計力学の父」と呼ばれ、物理学の一分野を切り開いた天才は、生涯認められることもなく、自分の理論に確信を持つこともできずに死んでいった。

ちなみに。ボルツマンの自殺から1年もしないうちに、天才アインシュタインが「分子の存在を証明したよ～」と、物理学界に華々しくデビューすることで、時勢がガラッと変わっていくのだから皮肉なものである。

散逸構造論①
混沌から秩序が生まれたっていいじゃないか

エントロピー増大の法則というのは、つまるところ、「世界（宇宙）は、時間が経つと、どんどん無秩序になっていくよ」ということを言っている。

つまり、「形あるものは必ず壊れる」の言葉どおり、いま存在する「秩序」はすべて、時間が経つと必ず「壊れる」ということである。そして、「覆水盆に返らず」の言葉どおり、一度壊れたものは、元の「秩序」には決して戻らないということである。

たとえ、ある一部が秩序を取り戻したように見えても、「全体」として見れば、確実に、秩序の量は減少しているのだ（人間が部屋を掃除して、部屋という部分が綺麗になっても、「部屋＋人間」の全体では秩序が減少している）。

このエントロピー増大の法則の結論は、
「世界（宇宙）は、常に『秩序→混沌』へと向かっており、混沌から、新たな秩序は決して生まれない」
ということである。

だから、究極的には「世界（宇宙）は壊れつづけている」ということになり、遠い未来においては、世界（宇宙）のすべての秩序は崩壊し、何の意味もない、混沌とした状態のまま、永遠に時をすごすことになる。

「本当にそうだろうか？　宇宙は、本当に新たな秩序を生まないのだろうか？」

そう問いかけつづけた化学者がいた。イリア・プリゴジンである。

プリゴジンは、「混沌から秩序が生まれること、つまり、エントロピー増大の法則の『逆の現象』がどこかにあるはずだ！」と考え、ついに、そういう現象を発見し、その理論を「散逸構造論」としてまとめた。

この理論は、一般的には全然メジャーじゃないし、知らない人も多いが、実は、相対性理論、量子力学に続く、科学を変えた革命的発見とされており、生物学、社会学、哲学に大きな影響を及ぼしてきた（1977年にはノーベル化学賞も受賞している）。

2003年5月28日に亡くなられた偉大なる科学者イリア・プリゴジン氏の冥福を祈りつつ、この壮大な理論を追ってみよう。

散逸構造論②──ゆらぎ
たくさんいれば、たまには奇跡だって起きるさ

散逸構造論の重要なキーワードである「ゆらぎ」について。そもそも、「エントロピーがなぜ増大するか？ つまり、なぜ秩序は無秩序になるのか？」というと、単純に「何の意思も持たない粒子が、適当に動いているのだから、確率的には、無秩序になっていくだろう」ってことにすぎない。

つまり、確率的に「無秩序になりやすい」っていう程度であり、「絶対に無秩序になる」というわけではない。

でも、たしかに、何億個ものの粒子が、いっせいにある場所に向かって動き出し、１カ所に集まってある秩序を構築する……な〜んて偶然はさすがに起こりそうもない。だが、そのうちの「何個かの粒子がたまたま１カ所に集まる」……という偶然ならあってもよさそうだ。つまり、たくさんの粒子が、ランダムに動いているのだから、そのうちの何個かが、「たまたま、ある秩序を作る」という可能性は確率的に十分にあるのだ。

このエントロピー増大に逆らって、局所的に小さな秩序を作る可能性のことを「ゆらぎ」と呼ぶ。

散逸構造論③
あなたの小さな祈りでも、世界は変えられるんだ！

プリゴジン以前の科学では、「ゆらぎ」という小さな秩序、小さな偶然は無視されてきた。

「はぁ？　全体の中の一部が、ちょっと秩序を作ったからといって、何が起こるんだよ？　そんなのすぐに壊れるだろう？」

それは、そうだ。実際に、確率論で考えたって、そんな小さな偶然はすぐに巨大な全体の中にかき消えてしまう。

だが、事実は違ったのである。

たしかに、その小さな秩序は無視できるような小さな影響しか持たないが、それでも自分の周りの粒子たちに、少しだけ影響を及ぼす。

そして、その小さな影響は、その隣の粒子に影響を与え、さらに、そのまた隣の粒子に影響を与え……と、次々と連鎖的に影響が伝わっていく。

これにより、その秩序を中心とした、ちょっとした小さな渦巻きを生むことがある。つまり、小さな秩序が、全体の構造に影響を与えたということである。

もっとも、その渦巻きは、すぐに消えてしまうような本当に小さなものだ。

問題はここからだ。たまに、条件が合えば、その影響された全体（渦巻きとか）が、中心にある秩序を強化するように働く、ということがあるのだ。これを「ポジティブ・フィードバック（好循環）による自己組織化」と呼ぶ。

ちょっとまとめよう。

１）「ゆらぎ」という偶然により、小さな秩序が生まれ、
２）　その小さな秩序がほんの少しだけ全体を動かし、
３）　その全体が、小さな秩序を強化するように働く、

ということである。

そして、この強化された秩序は、さらに全体を動かし、その全体が、さらに秩序を強化するように働く……という相乗効果（好循環）が発生し、何もないところに、突如、信じられないような秩序が生み出されることもあるのだ。

この「部分が全体に影響し、全体が部分に影響する」という相互作用は、今までの科学の概念になかったものである。

「ゆらぎ」によって生まれた小さな秩序でも、全体に大きな影響を与え、とてつもなく大きな新しい秩序を生み出すことがあるのだ。

そう！　だから、消えてしまいそうな、個人個人のその小さな想い、小さな祈りでも、世界を変えることもできるのだ！

だから、ボランティア、革命家、新興宗教……そういった少数による活動も、決して無駄ではない！　みんな、がんばれ!!

僕たちも「自分にもできる小さなこと」からはじめてみようじゃないか！

え？　逆のネガティブ・フィードバッグ（悪循環）ていうのもあって、ほとんどの場合、全体から叩き潰されるの？

………………。

みんな、がんばれ!!

力
力とは、物体の状態を変える相互作用である

この世のすべての物理現象は、何らかの「力」の作用によって起きている。ボールが転がるのも、リンゴが木から落ちるのも、全部そうだ。なにからナニまで、すべては「力」のなせるワザである。

だから、「力」とは、すべての物理現象を引き起こす原因であると言え、その「力」について完全に解き明かすことができれば、すべての物理現象を説明できたと言える。

そこで、物理学者たちは、「力とは何か?」ということについて、はるか昔から研究を重ねてきた。

ところで、「力」という言葉を聞くと、暴力とか、権力とかのように、何か一方的なものを想像しないだろうか。

ようするに、

「おまえのものは、オレのもの!
オレのものは、オレのもの!」

のように、AがBに対して、一方的に作用を与えるようなイメージだ。そして、力を行使する方を「強者」と呼び、力を行使される方を「弱者」と呼ぶ。

しかし、実のところ、現代物理学において、「力」とは、このような一方的なものではなく、2つの物体の間に働く「相互作用」だということがわかっている。相互作用とは、「互いに影響を与える」という意味である。

この考えに従えば、「リンゴが、地球の引力に引っ張られて落ちた」という言い方は適切ではない。この表現では、地球がリンゴに対して、一方的に力（影響）を与えて、リンゴだけを動かしているように思えてしまう。

正確には、「地球とリンゴの間にお互いを引っ張り合う力」が発生し、その力によって、地球とリンゴが動いた結果なのである。（もちろん、その力で地球が受ける影響は、ものすごく小さいので、まるで「リンゴが地球に引っ張られた」ように見えるというわけだ）

ここが「力とは何か？」を考えるうえで一番重要な点だ。

この相互作用の話は、重力だけではなく、現代物理学で解明されている「すべての力」に共通することである。

080　2章　あと科学とか

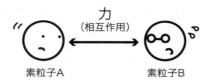

すべての力は、「プラス電荷とマイナス電荷」「N極とS極」「男と女」のように、ある物体と物体の間で発生するものであり、そして、必ず両方に影響を与えるような仕組みで働く。

つまり、力とは、本質的に、相互作用なのだ。

この世界に、「一方的に相手に働きかける力」というものは存在しない。

4つの力
4つの力を、今こそ1つの力に！

ところで「力」とは、いったい何種類あるのだろう？

物理学で「力」は、

1) 重力　　　（重力相互作用）
2) 電磁気力　（電磁相互作用）
3) 弱い力　　（弱い相互作用）
4) 強い力　　（強い相互作用）

の4つに分けられる。

そう。実はたったの4つしかない。世の中の現象は、すべてはこの4つの種類の力によって起きているのだ。

もしかしたら、「え～、じゃあ、圧力は？　浮力は？」と聞きたいかもしれない。日常的な感覚では、「力」は、もっとたくさん種類がありそうなものだ。なぜ、「力は、4種類しかない！」と断言できるのか？

それは、ようするに、こういうことだ。そもそも、人体だろうが、石だろうが、機械だろうが、すべての物質は「素粒子」で出来ている。

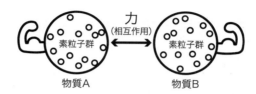

だから、物質にかかるすべての「力」は、究極的には「その物質を構成している素粒子に働く力」に還元することができる。そして、素粒子に働く力は、先に述べた「4種類の力」しかない。

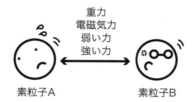

ゆえに、「この世界には4つの力しか存在しない」と言い切れるのだ。

というわけで、世の中には、「〇〇力」というのがたくさんあるようで、実は、この「4つの力」のどれかで起きているのである。

ちなみに、物理学の素人からすれば、
「へぇ～、この世界っていろいろあるようにみえて、たった4
つしかないんだ」
と思うだろうが、物理学者の感覚からすると、まるで別。

「4つもあるのかよっ！」

物理学者たちは、この「4つの力」による物理現象の説明に満
足していない。だって、「4つの力」があるということは、「4
つの異なる理論」があるという意味だからだ。できれば、この
「4つの力」を「1つの理論」で統一したい。

それをするためには、「4つの力」の根源となる「たった1つ
の力」を見つける必要がある。もし、それを見つけ出すことが
できたなら……、その「1つの力」の理論で、すべての物理現
象を説明することができる。

Theory of Everything.
すべてを説明する統一理論。
究極の理論。

これが、物理学の最大の夢である。
だから、今この瞬間も物理学者は、必死に「力を1つに統一す
る理論」の完成に向けてがんばっているのだ。

不確定性原理
運動量と位置を同時に正確に知ることは不可能

「ある粒子の運動量と位置を同時に正確に知ることは、原理的に不可能である」

たとえば、なぜ「そこに野球のボールがある」と認識できるのかというと、「太陽なり電球なりから発せられた光がボールに当たり、そのボールから反射した光が目の網膜に届くから」である。

もし、光がボールとぶつかっても跳ね返らなければ、透明なボールとなり、誰もそこにボールがあるとは気づかないだろう。ようするに、光がボールとぶつかって跳ね返るから、ボールの存在を認識できるのだ。

手で触って、「そこにボールがある」と認識できるのも仕組みは同じである。手の「分子」が、ボールとぶつかって跳ね返るから、「ボールがそこにある」と感じたり、つかんだりできるのであって、もし「分子」がボールとぶつかっても跳ね返らなければ、手はボールをすり抜けてしまい、やっぱり誰もそこにボールがあるとは気づかないだろう。

つまるところ、我々にとって、「何かの位置を測定する」というのは、「何か（光など）を飛ばして、何かが反射してくれば、その位置に何かがある」ということをやっているにすぎない。

これは人間だけの話じゃない。どんな測定器でも、仕組みは同じなのだ。

さて、野球のボールくらい大きければ、何も問題ない。問題は、電子のように、とても小さいものについて測定するときだ。

たとえば、電子に光を当てて、電子の位置を調べるとする。だが、電子はあまりにも小さいので、もし、光の波長が赤外線のように長いと、光は電子を通り過ぎてしまい、電子の正確な位置はわからない。

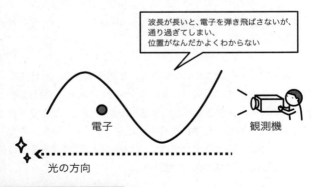

じゃあ、紫外線のように波長を短くすればよいかというと、今度は、電子を勢いよく弾き飛ばしてしまう結果になってしまう。

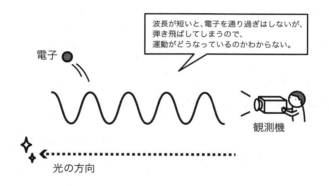

波長が短いということは、つまり波の勢いが強いってことだ。たとえば、赤外線は、皮膚を通り抜けて進むが、紫外線は、皮膚に強烈にぶつかって、火傷を引き起こす。

そんなわけで、電子を弾き飛ばしてしまうと、「電子がそこにあった」という位置についてはわかるが、「その電子がどこから飛んできて、どこに飛んでいったか？」という運動については、よくわからなくなるのだ。

これは、光の波長をどんなにうまいこと調節しても無理で、

「位置を正確に測ろうとすると、電子の運動が正確にわからなくなる」
→（光の波長を短くして、鋭くぶつけると、電子を弾き飛ばしてしまう）

「電子の運動を正確に測ろうとすると、電子の正確な位置がわからなくなる」
→（光の波長を長くして、優しくフワッとぶつけると、通り過ぎてしまう）

というジレンマが起きてしまい、結局、「位置と運動量（質量×速度）を同時に正確に知ることはできない。一方を正確に知ろうとすると、一方が不確定になる」ということになってしまうのだ（ちなみに、同じ論法により「時間とエネルギー」も同時に正確に知ることができない）。

これは、今後、どんなに科学や技術が進んでも避けようのない原理的な問題であり、そのため、不確定性「原理」と呼ばれる。

●補足
ただし、この話だけでは、不確定性原理の説明としては不十分でもある。そもそも、この話は、単に「電子を正確に観測できません」と言ってるだけにすぎない。

だから、「ふ～ん、なるほどね。正確に観測できないってこと

088　2章　あと科学とか

はわかったよ。でもさあ、それって、あくまで『観測が正確じゃない』っていう話であって、実際には、電子の位置と運動量はちゃんと決まっているんでしょ?」という結論になってしまう。

そりゃあ、そうだ。

宙を飛んでいる野球のボールを観測するときに、たまたま測定器の性能が悪くて、ボールの正確な位置や運動を知ることができないといっても、ある時刻におけるボールの位置や運動は、当然、決まりきっているはずだ。たまたま、人間がそれを知る測定器を持っていないというだけの話。普通はそう考えたい。

だが、量子力学においては、そういう結論にはならない。もっと飛躍した発想で、この不確定性原理を捉えている。

量子力学には、一見すると奇異な「観測至上主義」的な見方がある。

「いいですか? 電子のようなミクロの物質は、観測されてはじめて、位置や運動量が決定されるのです! 観測されてないときに、電子が、どの位置にあるとか、どういう運動しているかなんて、言ってはいけないのです。ようするに、観測していないとき、電子の位置と運動量はそもそも不確定なのです!」

これが量子力学の考え方だ。

ようは、

「だって、観測してねぇんだから、位置も運動量もへった くれもねぇんだよ！　決まってねぇんだよ！」

という話だ。

ともかく、こういう発想があるものだから、「原理的に観測に は限界があり、一定の不確かさを避けられない。そして、観測 が不確かな範囲においては、位置も運動量も本当に決まってい ない。だって、観測できないんだから！」というのが、不確定 性原理の結論になる。

では、なぜ、「観測至上主義（観測していないものは存在して いない）」という常識ハズレな見方をするのか？

それは、「観測によって、物質の状態が決まった」としか考え られないような不可思議な実験結果に出会ってしまったからだ。

3章

量子力学とか

光は、波であり、粒子である？
そんなことあるわけないじゃん。
本当のところ、どっちなの？
なんで科学者がそんなヘンテコなことを言い出すようになったのか？
量子力学の謎に迫る！

波動と粒子の２重性
光は「波」です。光は「粒子」です。え？　どっち？

光って、そもそもなんだろう。波だろうか？　それとも粒子だろうか？

量子力学によれば「光は、波でもあり、粒子でもある」が正解だそうだ。

マトモな思考能力の持ち主ならば、「そんなバカな。『波』と『粒子』は明らかに違うだろ！　『波であり粒子である』って、いったい、どんな状態だよ！　そんなのありえない！」と言いたいだろう。

でも、量子力学は、「いや本当に、光は波で、かつ粒子なんだよ」と述べている。

いったい、それがどういうことなのか、はっきり言って、科学の専門家ではないボクたちには、よくわからない。そもそも、ボクたちは、「ある１つのモノが、波であり、粒子である」という現象を経験したことがない。だから、「ある１つのモノが、波であり、粒子である」という状況を想像することすらできない。

だが、実は、量子力学を専門にやっている科学者だって同じなのだ。彼らだって「波であり、粒子である」ということがどういうことなのか「本当はわかっていない」のである。

何十年もそれだけを考えて、それで飯を食っている専門家ですら「わかりません」とサジを投げていることについて、興味本位の素人が「わかります」とか適当なことを言ったってしょうがない。ボクら素人が「わかる」ことは、せいぜい「なんで科学の専門家たちが、そんなわけのわかんないことを言いはじめたのか?」ということの経緯くらいである。

ところで、物理学というのは、「実験結果」を絶対視する。つまり、どんなに美しい理論だろうと、「実験結果」と合わなければゴミ同然に捨てられ、逆に、どんなに奇妙キテレツな理論だろうと、「実験結果」と合うのであれば、それが標準的な理論として扱われるのだ。それは当然で、健全な精神であろう。物理学は、決して机上の空論ではないからだ。

物理学は、いつも「現実的な営み」である。現実の現象とそぐわない物理理論なんて、何の役にも立たない。

だから、「光は、波で、粒子です」なんて、耳を疑いたくなるようなタワゴトでも、やっぱり、その現実的な営みから生まれたものである。

093

それはいったいどんな複雑な話だろうか……？

いやいや、事は至って単純だ！

だって、物理学は、いつも「実験結果」を信じるのだから。

つまり、

1）「光は波で～す」という「実験結果」
2）「光は粒子で～す」という「実験結果」

の2つが見つかった、というただそれだけのことである。

波派VS粒子派の戦い①

波派、粒子派の果て無き戦い。まずは、波派の勝利！

もともと、「光は波なのか？ 粒子なのか？」という問題は、実はけっこう古く、ニュートンの時代（1600年頃）から論争になってきた。

つまり、科学者同士で、「波派」と「粒子派」に分かれて、「オレの説が正しいんだ！」と長いこと喧嘩をしてきたわけだ。

実際、ニュートンの時代には、フックをはじめとして、「光は波だ！」と主張する科学者もたくさんいたのだが、学問の神様ニュートンが「光は粒子です」なんていい加減なことを言っちゃったもんだから、この論争は、「光＝粒子」ということで落ち着いてしまった。

もちろん、「光は粒子だ」なんて理論は、フックなどの「波派」にとっては、

「光に向かって、光を当てても、衝突しないで、通り過ぎるでしょ～が!? これは光が粒子ではなく、波だっていう確実な証拠じゃないか!? 光を粒子だと考える理由なんか、どこにあるの!?」

と単純に否定できることだったし、当時の実験的証拠からは、「光は波だ」と考えるのが妥当だった。

しかし、最終的には「偉大なニュートンが言うんだから、光は粒子なんだろう」ということになって、それから、かなり長い間、たいした根拠もないのに「光は粒子だ」ということになってしまったのである。

それから200年も経って、ヤングが、光を使った「干渉実験」で、「光で干渉縞ができる」ということから、「光はやっぱり波だった」ということになる（ただし、学会は、粒子派〔ニュートン信者〕が多数だったので、ヤングは、発表当時、学会から冷たい態度をとられる）。

さて。
このヤングの干渉実験についてだが。

まず、波特有の性質である「干渉縞」という現象について説明しよう。

たとえば、静かな池に、小石を1つ落とすと、円形に波紋が広がってゆくが、小石を2つ落とすと、2つの波が重なり合って、複雑な模様をつくる。なぜ、こんな模様ができるのか？　それは、2つの波が合わさったとき、波の山どうしが重なったとこ

096　3章　量子力学とか

ろでは強めあって山がさらに大きくなり、山と谷が重なったところでは弱めあって消えてしまい、結果として、「波の高い場所」と「波がない場所」が模様として見えるのである。

ここで、重なり合う2つの波の波長が同じとき（つまり、2つの波が同じタイミングで上下するとき）、「常に重なり合って波が高い場所」と「常に打ち消しあって波がない場所」の2つができるので、それがシマ模様に見えることになる。これを干渉縞と呼ぶ。

ようするに、干渉縞とは、文字どおり、2つの波が干渉しあってできるシマ模様のことだ。

この干渉縞という現象は、水でも、音でも、波であれば同様に起きる。

たとえば、水だとこんな感じに見える。

実は、この干渉縞、光でも作り出すことができるのだ。水と同

じことを光でやると、右奥の壁にシマシマ模様が映し出される。

干渉縞は、波特有の現象で、「粒子」では決して説明のつかない現象なのだから、「光は波である」という明らかな実験的証拠となった。

こうして、ニュートンの権威によって200年あまり続いた「光は粒子だ」理論が破れ、「光は波だ」理論が、逆転勝利をおさめるのである。

波派VS粒子派の戦い②

粒子派の同点ホームラン！　やっぱり光は「粒子」だった

ヤングの干渉実験によって、「光は波だ」ってことが証明された。

そして、さらに、マクスウェルが「光の正体は、電磁波という波である」という理論を作り出し、その理論の正しさが実験的に確認されてからは、「光は波だよ」ということは、もはや疑いようもなくなっていた。

「波派」の完全勝利である。

しかし、それをくつがえしたのがアインシュタインである。

アインシュタインは、「金属に光を当てて、光が金属の中の電子を弾き飛ばすという光電現象」について考察して、「この実験結果は、光が波だと考えると説明できないよ！」ということを言い出したのだ。あげくの果てには、「でも、この現象って、光が粒子だと考えると、うまく説明できちゃうんだけどね～」と、当時の科学の常識をひっくり返すことをあっさり言ってのけたのである。これが、アインシュタインの「光子仮説（光ってやっぱ粒子じゃねえの仮説）」である。ちなみに、アインシュ

099

タインは、この仮説で、ノーベル賞をもらっており、相対性理論ではノーベル賞をもらっていない。

ややこしい話は、まぁ、おいとこう。

とにかく、アインシュタインは、光電現象の「光が電子を弾き飛ばすときの様子」から、この現象が「光＝波」では起こりえないということを理論的にきちんと説明したのである。

光電現象を見る限り、「光は波ではありえない」のだ。

だが、光電現象を「ビリヤードの球が、他の球を弾き飛ばす」のと同じモデルでたとえると、うまく説明できてしまう。それはすなわち、「光＝粒子（ビリヤードの球）」だということ。

９回の裏、同点ホームラン！

結局、「光＝粒子」という実験的証拠も見つかってしまったのである。

波派VS粒子派の戦い③

え!? 光だけじゃなくて、物質はみんな波で粒子なの?

さぁ、話が複雑になってきた。

ある実験結果（干渉実験）を見ると、「光は波」だとしか言いようがないのだが、別の実験結果（光電現象）を見ると、どうも「光は粒子」としか言いようがない。

おかげで、教授たちは、学生から「この現象はどうして起きるのですか?」と問われたら、「これは、つまり、光が波だから……」と説明し、「じゃあ、こっちの現象は、どうして起きるのですか?」と問われると、「そ、それは、つまり、光が粒子だから……」と説明する羽目になった。

当時は、「科学者は、曜日によって、光を波と言ったり、粒子といったり、使い分ける」という笑い話ができたほどである。

では、「光は波だという実験結果」と「光は粒子だという実験結果」のいったいどっちの実験結果を信じればいいのか?

いやいや、科学にとって、実験結果こそすべてだ。どっちかの

結果を信じるかという議論なんかない。２つの実験結果が、現実として存在しているのだから、その２つの実験結果は、両方とも正しいのだ。

もし、ボクたちにとって、２つの実験結果が、互いに矛盾しているように見えるとしたら、おかしいのは実験結果ではなく、「矛盾」だと考えるボクたちの思考回路のほうなのである。

だから、もう素直に降参して、「光は、波として観測されることもあれば、粒子として観測されることもあります。世の中は、そういうもんなんです」と素直に認めるしかない。それが現実なのだから。

光という存在について、「干渉の実験」をすると「波」という性質を持っているという結論になり、「衝突の実験」をすると「粒子」という性質を持っているという結論になる。

ここから、「光は、波であり、粒子である」という結論になる。

だって、実験結果（現実）が、そうなんだもん。

しかたない。こうなれば、引き分けだ。どっちもよくがんばった！

しかし!!

話はもっともっと複雑になっていく。

「光は波で粒子です」という話を聞いて、こんな大胆なことを考えた人がいた。

「今まで『波』だと思われていた光を、実は『粒子』だと考えることで、今まで謎だった現象を説明することができたんだよね。じゃあ、だったら、今まで『粒子』だと思われていた電子を、思いきって実は『波』だと考えてみたらどうかな」

ド・ブロイという科学者だ。

彼は、なんと「明らかに粒子だと考えられていた電子」を「波」だと捉えなおしてみたのである。すでに、科学的見地から、「粒子」だとわかりきっている存在について、「波」だと考えてみようといったのだ。それはあまりに常識ハズレのトンデモ科学の行為である（電子が粒子だという確実な実験的証拠はいくらでもあるのだから）。

だが、ド・ブロイは、電子を波だと捉えなおすと、それまでの科学理論では、説明できなかった電子の不思議な挙動が、合理的に説明できてしまうことを発見してしまったのだ。

そして、電子でも、干渉縞を作れてしまうことが発覚する！

結局、「波動性と粒子性を2重に持つ」というヘンテコなモノは、光だけだと思われていたが、電子もそうだったのである。電子も、「波であり、粒子である」というヘンテコなモノだったのだ。

こうなるともう止まらない。一気に傷口は広がっていく。最終的には、「『原子』も波で粒子だし、『分子』も波で粒子だ」ということが、次々と発覚していく。

結局のところ、光や電子が、特別だったわけではなく、「この世界のすべての物質」が「波であり粒子である」というヘンテコなものだったのだ。

そう、この世界は「波であり粒子である何か」からできあがっているのだ。

もちろん、ボクたちは、「ある1つのモノが、波であり、粒子である」という現象を経験したことがない。だから、「ある1つのモノが、波であり、粒子である」という状況を理解することができない。

だが、たとえ理解しがたくても、それが実験から確かめられる「現実」なのだ。

少なくとも、はっきりしていることは、この世界は、「原子（粒子）の集まり」や「エネルギー（波）の集まり」という単純な

ものではない、ということだ。

もしも、あなたが、「この世界は、原子という粒（ボール）の集まりで、それがバラバラになったり、組み合わさったりして、成り立っている」という単純な世界観を持っていたとしたら、まったくもって見当違いな世界観の中で、生きているということになる。

2重スリット実験①
2つの隙間に向けて、電子を打ったら何が映るの？

「物質は、波であり、粒子である」

これを、もっともわかりやすく示してくれる実験が「2重スリット実験」である。

実験概要

まずは、図を見てほしい。

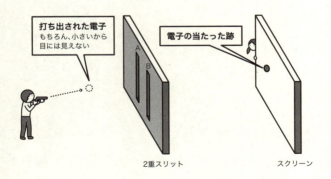

電子銃の前にはボードが置かれ、そのボードには、「2つのスリット（隙間）」が開けられている。そして、ボードの奥には、スクリーンが配置されている。スクリーンはカメラのフィルムのように感光する性質を持っており、電子が当たると、その場所に小さな点の跡を残す。つまり、スクリーンには、電子が当たった場所が映し出される。これが2重スリット実験の概要である。

ようするに、2重スリット実験を、ひとことで言うと、
「2つ穴が開いた板に向かって、電子を飛ばしたとき、その奥のスクリーンに何が映りますか？」
ということである。

実験開始

さて、2重スリット実験は、電子銃から電子を飛ばして、スクリーンに映ったものを見るだけという簡単お手軽な実験なのだが、電子銃からの「電子の飛ばし方」を変えることで、3種類の実験を行うことができる。その3種類の実験に、それぞれA，B，Cと名前をつけよう。

実験A　大量に電子を発射した場合

電子銃から大量の電子を放射してみるとどうなるか。

結論を言うと、スクリーンには綺麗なシマ模様ができる。

これは「干渉縞」である。

スクリーン

干渉縞ができるのは、「電子が波」だと考えれば、なんの不思議もない。

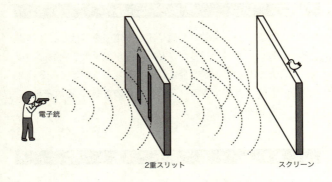

まず、電子銃から、電子の「波」が飛んでいき、ボードに達する。そして、ボードには「2つのスリット」があるのだから、波は「スリットAを通っていく波」と「スリットBを通っていく波」の2つに分かれる。

すると、スクリーン上には、その2つの波が重なり合ったものが見えるはずである。

つまり、2つの波の「山と山」「谷と谷」が重なっているところは、お互いに強め合って明るくなり、逆に、波の「山と谷」が重なっているところは、打ち消しあって波が消えてしまい、その場所は暗くなってしまう。したがって、シマ模様を作る。

それだけのことだ。同じことは、海の波を使っても起きる。電子が波だと考えれば、何も不思議はない。

実験B　電子1個を発射した場合

電子銃の出力を小さくして、「電子1個」を発射してみたらどうなるか？

結論を言うと、スクリーンには、ポツンと小さな点が現れる。

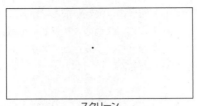

これは、電子1個を飛ばしたのだから、スクリーン上には、その1個が当たった場所が「点」として映るということで、当たり前の話である。

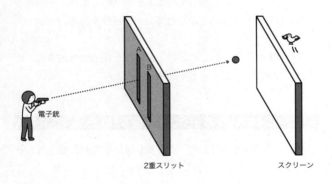

電子が、スクリーン上に「点」として映ることは、「電子が粒子」であるという確かな証拠である。

ちなみに、追加実験として、スリットAとスリットBにそれぞ

れ、「電子が通ったかどうかを観測するセンサ」を置いてみた
としよう。

もし、電子が本当に粒子であれば、スリットが2つあったら、
どちらかのスリットから出ていくはずだ。

たとえば、パチンコの玉を想像してほしい。パチンコの玉が、
このボードを越えてスクリーンにたどり着くためには、スリッ
トAかスリットBのどちらかを通り抜けなくてはならない。重
要なのは、パチンコの玉（粒子）は、あくまで一方のスリット
しか通らないということだ。1個のパチンコの玉が、両方のス
リットを通り抜けるということはありえない。もし、電子が、
波であれば、両方のスリットから出ていくかもしれないが、粒
子であれば、一方のスリットしか通り抜けないということがミ
ソだ。

さて、2つのスリットに「電子が通ったかどうかを観測するセン
サ」を置いて、実際に「電子1個」を飛ばしてみる。すると、
2つのセンサのうち、必ず一方のセンサしか反応しないのだ。
スリットAのセンサが反応すれば、スリットBのセンサは反応
しない。逆に、スリットBのセンサが反応するときは、スリッ
トAのセンサは反応しない。つまり、2つのセンサが同時に反
応することはなく、どちらかだけが反応するのだ。

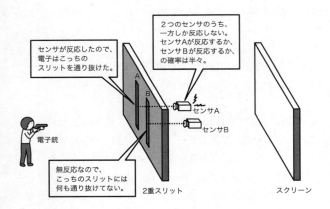

これは、すなわち、電子1個が「一方のスリットを通り抜けたとしたら、他方のスリットは通り抜けていない」ということであり、「1個の粒子」であるという確かな証拠である。1個の粒子が、2つの穴を同時に通り抜けることはありえないので、当たり前の結果だ。

したがって、電子は、粒子であるという結論を持つことができるのだ。

おっと、実験Aでは「電子は波」という結論になり、実験Bでは「電子は粒子」という結論になってしまった。いったい、どちらが正しいのだろうか？

２重スリット実験②
電子が「波」「粒子」のどっちでも説明はつくのよ

実験Ａ，Ｂの考察

では、ここまでの実験Ａ，Ｂの結果から、考察してみよう。

まず、実験Ａでは、「干渉縞」ができたので、「電子は波」だという結論になった。

一方、実験Ｂでは、スクリーン上には「点」となって観測され、また、２つのスリットのうち、１つしか通り抜けないのだから、「電子は粒子」だという結論になった。

さぁ、実験Ａ，Ｂでまったく違った結論になってしまったわけだ。

ところで、本当に、実験Ａの結果は、「電子が波」ということでしか起こりえず、実験Ｂの結果は、「電子が粒子」ということでしか起こりえないのだろうか？

実を言えば、そんなことはない。強引に考えれば、電子が、波

でも粒子でも、実験A，Bの結果を説明することは不可能ではない。

それぞれのケースについて考えてみよう。

ケース❶　電子がもし波だったら

電子が波だとすれば、実験Aはなんの不思議もなく説明できる。

問題は、実験Bだ。

だが、電子1個分の波が、「ものすごく細くて小さい波」であるとすれば、2つのスリットのうち、一方のスリットしか通り抜けなかったことを説明することは可能である。また、「ものすごく細くて小さい波」だからこそ、スクリーン上に「点」として記録されたのだと説明することもできる。したがって、電子が波であっても、実験Bは説明がつくのだ。

ケース❷　電子がもし粒子だったら

電子が粒子だとすれば、実験Bはなんの不思議もなく説明できる。

問題は、実験Aだ。

だが、実験Aは、大量の電子を放出しているという前提があるのだから、大量の粒子が、「2つのスリット」を通り抜けているということになる。したがって、スリットAを通り抜けた粒子の大群と、スリットBを通り抜けた粒子の大群がスクリーンの手前で、ぶつかり合っていることは容易に想像がつく。そして、そのぶつかり合いの結果、なにか未知の現象が働いて、スクリーン上にシマ模様を作り出したのかもしれない。

「大量の粒子がぶつかり合ったとき、粒子たちは、シマ模様ができるようにお互いをはじき飛ばしたのだ」という未知の仮説を持ってくれば、電子が粒子であっても、実験Aは説明がつくのだ。

以上のように、電子が、波であっても、粒子であっても、実験A，Bの両方とも、強引に説明をつけようと思えばできる。

たとえ、強引で苦しい説明だったとしても、少なくとも「電子は波で粒子です」とヘンテコなことを述べるよりは、健全な理論のように思える。

だったら、なぜ、そのヘンテコな理論を持ち出さないとならなくなったのか。

それは、実験Cが、どうしても説明つかなかったからだ。

115

2重スリット実験③
1個ずつ打ってるのに、波の形が出てくるのはなぜ？

実験C　電子1個を少しずつ発射した場合

では、電子銃から、「電子1個」の発射を何度も繰り返したらどうなるだろう？

つまり、最初の「電子1個」がスクリーンに当たって、「点」が映し出されたら、次の「電子1個」を発射するということを何度も繰り返す実験だ。ようは、実験Bを連続してやるだけの話。

結論を言うと、スクリーンには、「電子1個」が発射されるたびに、ポツンポツンと、少しずつ小さな「点」が増えていく。

ここまでは、ぜんぜん不思議じゃない。実験Cとは、実験Bの繰り返しなのだから、この結果は、当たり前である。

だが、不思議なのは……。

「電子1個の発射」を何度も繰り返して、「点」の数が増えてい

116　3章　量子力学とか

くと、その「点」の集まりが、実験Aの干渉縞と同じ模様になるのである。一見すると、ナニが不思議なのかよくわからないかもしれないが、これは、既存の世界観を打ち砕く不思議な現象である。

では、ナニが不思議なのか、よく見てみよう。

実験Cの考察

まず、ナニが起きたか。実験Cは、「電子1個」がスクリーンに当たって「点」が映し出されたら、次の「電子1個」を発射するということを何度も繰り返す実験だ。

最初の1個目では、当然、スクリーンには、1個だけ点が映し出される。

100個目の電子では、スクリーンには、100個の点が映し出される。

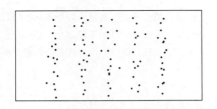

そして、それを何度も何度も繰り返して、1000個目ぐらいになると、スクリーン上の点の集合は、はっきりと**実験Aの干渉縞**と同じ模様だということがわかってくる。

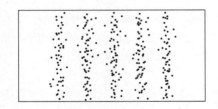

いったい、何が起きたのかを知るためには、もう少し解説が必要だ。繰り返しになるが、重要な部分なので、ひとつひとつ見ていこう。

まず、電子1個を飛ばすと、電子は「スクリーン上のどこか」に到達し、その場所に「点」を映し出すわけだが、「この『点』が、スクリーンのどの場所に映し出されるか？」については、実は、確実な予測ができない。

不思議なことに、可能な限り同じ条件で、電子1個を同じように飛ばしてみても、スクリーン上の「点」は、あっちに映ることもあれば、こっちに映ることもあったりと、気まぐれな結果を残す（条件が同じなら、いつも同じ場所に電子が飛んできそうなものだが）。

問題は、ここからだ。さらに、「電子1個」を飛ばすことを何度も何度も繰り返していくと、たくさんの「点」がスクリーンのいたるところに映し出されていくが、最終的には、その「点」の集合が、「干渉縞の模様」と同じであることがわかってくる。

なぜ、こんなことが起きたのだろうか？

と、起きたことの仕組みを問いかける前に、「何が起きたか？」を正確に把握してみよう。

まず、確実に言えることは、「干渉縞の波の振幅が高い場所に、電子が飛んでくることが多い」ということである。

これは、あたりまえの話だが、そもそも、点の集合がシマシマになるということは、「電子が飛んでくる確率が高い場所」と「電子が飛んでくる確率が低い場所」の2つがあるということを意味している。それがあるから、電子を何度も飛ばす実験を繰り返すと、「スクリーンに電子があたった跡」がシマシマに見えてくるのだ。

では、電子が「飛んでくる確率が高い場所」とはいったいどんなところだろう。

結論から言うと、電子を波だと見立てたときに、その波が高い場所となる。

もし、電子を波だと考えたとき、2重スリット実験では、「スリットAを通り抜ける波」と「スリットBを通り抜ける波」の2つに分裂する。そして、スクリーン上には、その2つが重なった干渉縞の波が見えるわけだ。その干渉縞の波が高いところでは、電子が観測されることが多く、たくさんの「点」を残す。

また、干渉縞の波が低いところでは、電子が観測されることはあまりなく、結果として「点」が少なくなっている。

今、言ったことを図を使って、もう一度説明しよう。

ようは、
「電子1個を飛ばしたとき、その電子は、波が高いところで観測される確率が高く、波が低いところで観測される確率が低い。そして、波がないところで、観測される確率はない（ゼロ）」
ということになる。

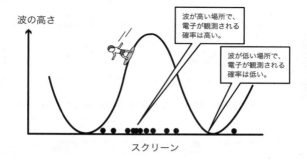

つまり、「電子がスクリーン上のどこで観測される確率が高いか?」という確率分布が、波の形になっているということだ。

さぁ、まとめよう。

この実験Cで起きているのは、こういうことだ。

・電子1個1個は、スクリーン上では「点」(つまり、粒子)として観測される。

・そして、その「点」が「どこで観測されるか?」という確率の分布は、波状になっている。その波の形は、電子を波だと考えたときに、スクリーン上に映し出されるはずだったものと同じである。

なぜ？ という疑問はおいといて、とにかく、実験Cをやると、こんなことが起きるのだ。

2重スリット実験④
スリットを通り抜けた電子は、何と干渉したの？

実験Cの何が問題なのか？

実験Cについての考察の続きだ。では、なぜこんなことが起きたのか？

実は……それが、わからないのである！

実験Aや実験Bなら、電子を「波」だと解釈しても、「粒子」だと解釈しても、無理やりなんとか説明することができた。だが、実験Cは、電子を「波」だと解釈しても、「粒子」だと解釈しても、決して説明できない。というのは、「実験Cは、なぜこんな結果になったのか？」を問いかけてしまうと、どうしても説明のつかない「矛盾」に出会うからだ。

そのへんを見てみよう。

まず、実験Cで起きていることをひとことで言えば、「電子1個がスクリーン上のどこで観測されるか？」という確率の分布

122 3章 量子力学とか

が、干渉縞（波）の形になっている、ということである。

つまり、
「電子1個1個は、干渉縞という『波の形』の確率分布にしたがって発見されるよ」
ということだ。

では、実験Cにおいていったい何が「矛盾」なのか？

それは、
「この『干渉縞』は、いったいどこからやってきたのか！？」
ということである。

そもそも、干渉縞とは、「スリットAを通り抜けたナニか」と「スリットBを通り抜けたナニか」が重なりあって起きている現象である。

当然のことだが、スリットBを板とかで塞いで、スリットAの1つだけで実験Cをやっても、干渉縞は発生しない。それは、水を使って2重スリット実験をしても同じで、スリットが1つだけでは、干渉縞は起こりえない。つまり、干渉縞の発生には、「2つのスリット」が必要だということだ。

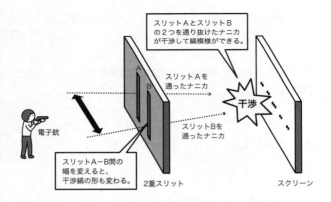

また、2つのスリットの間隔を広げたり狭くしたりすると、スクリーンに映される干渉縞の模様も変化する。これは当然のことで、2つのスリットの位置関係を変えれば、波の重なり方も変わるからだ。2つのスリットの位置関係を変えると、干渉縞の模様も変わる。つまり、干渉縞の形は「2つのスリット」の位置関係に依存しているということになる。

つまるところ、干渉縞ができるためには、「2つのスリット」という存在が必要不可欠なのである。

だが、よく考えてみてほしい！

今、実験Cは、粒子として観測される電子1個を飛ばしているのだ！

124　3章　量子力学とか

実験Bの追加実験を思い出そう。

2つのスリットのそれぞれに「電子が通ったかどうかを観測するセンサ」を置いて、「電子1個」を飛ばしてみるという実験だ。このとき、2つのセンサのうち、必ず一方しか反応しなかったではないか。スリットAのセンサが反応すれば、スリットBのセンサは反応しない。逆に、スリットBのセンサが反応するときは、スリットAのセンサは反応しない。

これは、ようするに、電子1個は、「スリットA」か「スリットB」のどちらか一方だけを通り抜けているということを意味している。

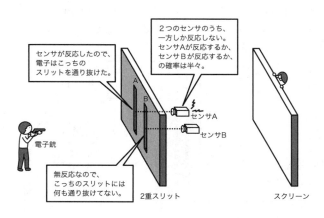

そうすると、かなり困ったことになる。

繰り返しになるが、実験Cは、電子1個だけを飛ばしたのだ。

今、たまたま、電子1個が、スリットAを通ったと想像しよう。それは、同時に、スリットBには何も通らなかったということを意味する。それなのに、電子1個が観測される場所は、「スリットA，Bの2つ」で決定される干渉縞の模様にしたがうのだ。

それは非常におかしい。電子1個がスリットAを通ったとしたら、スリットBには何も通らなかったのだ。

だったら……、スリットAを通り抜けた電子1個は、いったい、何と干渉したのだろう？ スリットBからは何も出てこないのだから、スリットAを通り抜けた電子1個は、干渉しようがないではないか！

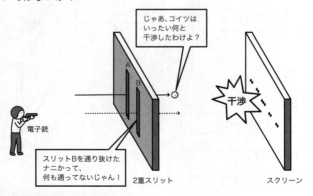

電子1個が、実は分裂して、スリットAとスリットBの2つを通ったのではないかという可能性は、両方のスリットにセンサを置いた実験Bの追加実験で否定されている。とするならば、たまたま、スリットAを通り抜けた電子1個にとって、スリットBという存在はまったく関係なく、スリットAだけで実験した場合となんら変わりないはずである。

しかし、現実には、たしかに、電子1個は、「スリットA，Bの2つ」で決定される干渉縞の模様にしたがって観測されるのだ。

いったい、電子1個は、「通っていないスリットB」と、どんな関わりを持っているのだろうか？

ちょっと、整理してみよう。

・電子が「粒子」であるとすると……
　　→スリットはどちらか一方しか通らないのだから、2つのスリットで生じる干渉縞という現象の説明がまったくつかない。

・電子が「波」であるとすると……
　　→波なので、2つのスリットを通り抜けたと言いたいが、2つのスリットにセンサを取り付けたときの実験結果（実験Bの追加実験）と矛盾する。

さぁ、実験Cの解釈は、袋小路に追い込まれた。

この物理学最大のミステリーは、「粒子が波のように動いている」とか「小さな波が粒子のように見せかけている」という日常的なアイデアでは、どうも解決できそうにない。

もはや、電子は単純な波ではないようだし、粒子でもなさそうだ。

ちなみに、これは決して電子だけの特殊な話ではない。光はもちろんのこと、原子を使って2重スリット実験をしても同様の結果になる。

それどころか、電子に比べたら途方もなく巨大な、フラーレンという「炭素原子が60個集まってできたサッカーボール状の分子」を使っても、同様の結果になるのだ。

2重スリット実験の結果は、「電子とは……」という特殊な問題ではなく、「物質とは本当は何なのか?」ということを我々に問いかける。

では、この実験Cをいったいどう解釈すればいいのか……。

2重スリット実験⑤
対象を影響させないで、観測することは不可能

ところで、実験Cを調べるための方法として、「電子が通ったかどうかを観察するセンサ」があるのだから、「そのセンサを、実験装置のいたるところに配置する」というのはどうだろうか？

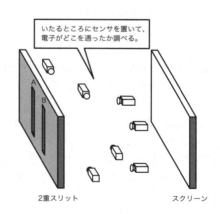

いたるところにセンサを置いて、電子がどこを通ったか調べる。

電子銃

2重スリット　　　　　　　　スクリーン

そうすれば、電子1個が本当にどのように動いて、スクリーンに到達したか、はっきりとわかるはずだ。電子がスクリーンに到達するまでの軌跡を見れば、何かわかるかもしれない。

しかし、この実験は、役に立たない。

というのは、「観測するということは、観測する対象に影響を
与えるということ」だからだ。つまり、「電子を観測する」と
いうことは、「電子に、光などの他の物質をぶつけたり」して、
その位置を調べるということである。したがって、当然、電子
の軌道は、「観測の影響」によって大きく変えられてしまう。

そうなると、この2重スリットの実験はぶち壊しになり、干渉
縞は消えてしまうのだ（観測によって、電子を弾き飛ばされて
しまったのだから）。

電子に何も影響を与えずに、観測できる方法があればよいのだ
が、それは原理的に不可能である。

観測とは、「観測対象物に、『力』を相互作用させて、その影響
を調べる」ということだからだ。だから、「影響を与えずに、
観測する」という言葉は、そもそも矛盾しており、そんなこと
はありえないというのが、現代科学の常識である。

ともかく、電子を発射してから、スクリーンに到達するまでの
あいだで、「電子の観測」を行なってしまうと、この2重スリッ
トの実験はぶち壊しになってしまう。2重スリット実験では、
「電子がスクリーンに到達するまで、電子を観測してはいけな

い」のだ。

つまり、２重スリット実験で、電子がどんな動きをしているか、観測できれば話は早いのだが、それは原理的に不可能。

したがって、２重スリット実験で、電子がどんな動きをしているかは、状況（実験的事実）から想像するしかないのである。

コペンハーゲン解釈
観測する前は波だけど、観測されると粒子に大変身♪

では科学者たちは、この実験Cをどのように解釈したのだろう?

もちろん、この実験Cについて、科学の世界における「標準的な解釈」というのは存在する。

それは「コペンハーゲン解釈」と呼ばれている。コペンハーゲン大学の科学者(ボーアら)が提唱した解釈だから、そう呼ばれている。

いったい、彼らは、この実験Cをどのように解釈したのだろう?

そもそも、実験Cは大きな「矛盾」をはらんでいる。

電子が「波」であっても「矛盾」するし、電子が「粒子」であっても「矛盾」する。

「矛盾」があったときはどうすればよいか?

132　3章　量子力学とか

そんなときは、「矛盾」を素直に受け入れ、実験結果を素直に
そのまま受け入れてやればいい。

そうしてできた新しい理論こそが、量子力学である。

では、もう一度、実験Cを見直してみよう。ひとつひとつの実
験事実を素直に解釈してみるのだ。

事実１）飛ばされた電子は、スクリーン上には、「点」として
観測された。
→この事実より、電子は「位置」を持った「粒子のような存在」
であると言える。

事実２）干渉縞の形は、スリットＡとスリットＢの位置で決定
される。
→干渉縞とは、スリットＡとスリットＢを同時に通り抜けた
「波」が干渉しあって、作り出すシマ模様である。

ゆえに、電子は、２つのスリットを同時に通り抜けられるよう
な存在でなくてはならない。

したがって、電子は、空間的な広がりを持ち、２つのスリット
を同時に通り抜けられるような「波のような存在」であると言
える。

さて、事実から、それぞれ素直な解釈が出てきた。事実１では「電子は粒子」であり、事実２では「電子は波」となってしまった。ということは、やはり、電子とは「粒子のような波のような存在」なのだろうか？

ところで、ここでもう１つ気になる事実がある。

事実３）電子１個を飛ばしたときに、スクリーン上のどこで観測されるかという確率は、干渉縞の形にしたがう。

結局、この事実３を見ればわかるように、干渉縞として見出される「波」とは、あくまで「粒子がここで見つかるかもしれないよ」という「確率の波」であり、いわゆる「海の波」などの「エネルギーを伝える波」とは決定的に違うということを忘れてはならない。

言い換えるなら「電子が存在する場所の確率」が存在し、それが波のように漂っているということ。

ともかく、こうした事実をふまえて素直に解釈すると、実験Ｃはこのように説明できる。

→電子は、スクリーンに到達して観測される前は「波」である。だから、波である電子は、２つのスリットを同時に通り抜けることができて、干渉模様を作ることができる。ただし、この「波」の

134　3章　量子力学とか

正体は「粒子がどこで観測されるかの確率の波」である。そして、電子がスクリーンに到達して、観測されると電子は「粒子」になる。

これを簡単に言うと、電子は、「観測される前は波であり、観測されると粒子になる」ということを意味する。

電子をこのように考えて説明するのが、「コペンハーゲン解釈」であり、つまりは「だるまさんが転んだ解釈」だと言っていい。

つまり、電子を観測していないとき（だぁるまさんが〜）、電子とは「自分はここにいるかもしれないという確率的な存在で、波のような存在」である。

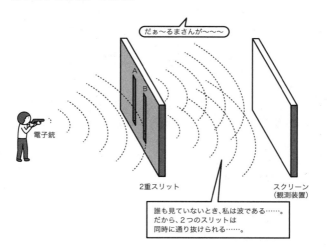

そして、観測されると(ころんだ!!)、突然、波は消えて、「粒子」に変身するということだ。

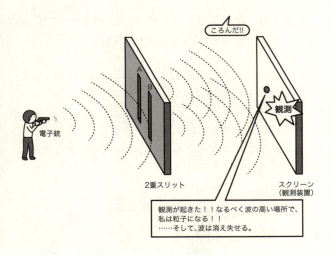

この「観測する前は波だけど、観測されると粒子に大変身よ♪」理論を使えば、2重スリット実験は、問題なく説明できてしまう。

つまり、
「ねぇ、なんで、電子は粒子なのに、2つのスリットを同時に通れるの？」
「観測される前は、波だからさ」
「でも、2つのスリットにセンサを置いたら、一方のセンサし

か反応しないよ?」
「観測されると1個の粒子になるからなのさ」
ということだ。

もしかしたら、ダマされているように思うかもしれない。

「観測される前は波だけど、観測すると粒子になっちゃうって、
ソレ本当なの?　そんな馬鹿げたことありえるの?」
と思うかもしれない。

そのように疑問に思うことは当然の権利だが、
「電子って観測する前は波だけど、観測すると粒子になるんだよ」
と解釈すれば、実験Cは問題なく矛盾なく説明できるという点
だけは理解してほしい。

だから、「おまえ、電子が波から粒子になるとこ見たんかい!?
本当に正しいのかよ!」と、胸ぐらを捕まえて科学者に詰め寄っ
ても、「知らねーよ。でも、こう解釈すれば、ツジツマが合う
んだからいいじゃねぇか!」と言うだけである。

そもそも、科学の役割とは、「矛盾なく説明でき、実験結果を
予測できる理論を作ること」である。

だから、ぶっちゃけ、「観測する前は波!　観測されると粒子
に大変身!」ということが、「本当に起きているかどうか」な

137

んてことは、科学にとって、どうでもいいことなのだ。

ともかく、量子力学の標準的な解釈（コペンハーゲン解釈）としては、以下の２つにまとめられる。

・電子（物質）は、観測される前は波のような存在であるが、観測されると粒子になる。

・観測される前の波とは、粒子がどこで観測されるかという確率の波である。

ちなみに、この電子の波が、「どの時刻でどんな形になっているか」ということは、「シュレディンガーさんが作った波動方程式」で計算することができ、この方程式（ある時刻の「波の形」を示す数式）から、「ある時刻で、電子がどこで観測される可能性があるか？」を知ることができる。

ようするに、量子力学とは、「その粒子がどこで見つかるか？」を波の方程式を使って確率的に述べる物理学なのである。

２重スリット実験の哲学的解釈
観測していないときは、可能性こそが存在なのだ

つまるところ、２重スリット実験の最大の謎とは、「１個の粒子として観測される電子が、なぜ、２つのスリットを同時に通り抜けられたのか？」ということになる。

この謎は、既存の世界観ではうまく説明できなかった。

そこで、「電子は、観測する前は波のような存在だが、観測すると粒子になる」「その波は、粒子がどこで観測されるかという確率の波である」という新しい世界観を持ち込む必要があった。

結局、観測する前の電子は、「波のような存在」なのだから、２つのスリットを同時に通り抜けたとしても何も問題ない。たしかに、この考え方（世界観）にしたがえば、２重スリット実験をうまいこと説明することができる。

だが、それでも本当に納得できるだろうか？

「粒子」という位置や質量を持ったカチコチのものが、「観測し

139

ていないときは波のようなモヤモヤした存在になって、2つの
スリットを通り抜けた」なんてヘンテコな説明をあなたは本当
に受け入れることができただろうか?

疑問が残るかもしれない。

そこで、この不可思議な量子力学の世界観について、すこし哲
学的に説明してみよう。

まず、そもそも、「電子は、見ているときは粒子だが、見てい
ないときは粒子ではない」と量子力学は述べているが、日常的
でマトモな思考をする人であれば、「見ていないときも粒子に
決まっている」と考えるだろう。

だが、その日常的な考えは、哲学的に考えるとまったくおかしい。

だって、「見ていない」のに、なんで粒子だってわかるのだろ
うか? 哲学者であれば、その問題に気がつき、「見ていない
ときも粒子に決まっている」という主張は、「何の根拠もない、
思い込み」であると判断するだろう。

ようは、「見ていないときも粒子」なんていうのは、「ボクの彼
女は、ボクと会っているとき、いつも清楚な人だ。だから、ボ
クと会っていないときでも、清楚な人に違いない」と言ってい
るのと同じだということだ。そんなことを言う人がいたら、哲

学者じゃなくても「そんなのはオマエの思い込みかもしれない
だろ！　会っていないときに、その女の子がどうしているかな
んて、わかんねぇだろ！」と突っ込む。

だって、見ていないんだから、わかるわけがない！

それだけの話だ。

「見ているとき、いつもカチコチの粒子だから、見ていないと
きもカチコチの粒子」だなんて考えは、どこにも根拠なんかな
いのだ。見ていないときには、どうなっているかなんて、本当
のところはわからない。

結局のところ、我々は、観測していない存在について、「○○
である」と断言することは決してできず、「○○かもしれない」
という可能性しか論じることができない。

さて、ここまでの哲学的な結論を踏まえれば、「1個の粒子を
飛ばしたときに、2つのスリットを通り抜けたものは、いった
いなんだろう？」という問いの答えは明らかである。

それは「スリットを通り抜けたかもしれない」という可能性で
ある。

ちょっと想像してみよう。

今、ボクの目の前に巨大なスクリーンがあり、そこに粒子の到達を示す「点」が映し出されたとする。ふと振り返って、後ろを見ると、2つのスリット（穴）が開いた壁があり、そのスリットの向こう側に、電子銃が見える。

さぁ、このとき、ボクらは電子について、何が言えるだろうか？ボクらは、電子について「スリットAを通り抜けた」とも「スリットBを通り抜けた」とも決して断言できない。せいぜい言えることは、「う～ん、たぶん、電子はスリットAを通り抜けたかもしれないし、スリットBを通り抜けたかもしれないよね」という可能性についてだけである。

そして、現実は、まさに言葉どおりなのである。

結局、「2つのスリットを通ったのは何か」と問われれば、「電子が通ったかもしれないという可能性だ」としか言えないのだ。

むしろ、「電子は、絶対に一方のスリットしか通り抜けていない！　だから、一方のスリットだけを通り抜けたとして、この実験を考えるべきだ！」というほうが、何の根拠もない。それどころか、そう考えてしまうと、干渉縞が発生するという事実を説明できない。

結局、スクリーン上で観察された電子とは、

142　3章　量子力学とか

「スリットAを通り抜けたかもしれない」
「スリットBを通り抜けたかもしれない」
という2つの可能性をもとにして、観察されたものである。

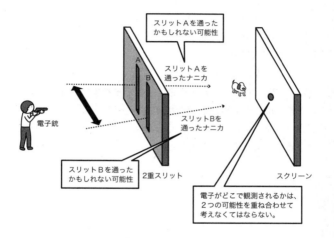

だから、2つの可能性をきちんと「重ね合わせて」考えなくてはならない。

この重ね合わせの結果として、「干渉縞」が見出されるのである。

もし、我々が見ていないときでも、電子が粒子であり、一方のスリットしか通らないのであれば、一方の可能性しかないのだから、決して「重ね合わせ」は起こりえない。つまり、干渉縞

は起こりえない。

ようするに、2重スリット実験の革命的なところは、
「電子を観測しているとき、いつも1個の粒子だから、観察していないときでも、1個の粒子に決まっている」
というカチコチの世界観に対して、
「それは何の根拠もない思い込みにすぎない」
ということを示し、むしろ、
「観察していないときは可能性しか論じられず、観測していないときには、その可能性こそが存在である」
という、まるで言葉遊びのような概念のほうが正しいということを実験的に証明したことである。

シュレディンガーの猫①
生きた猫と死んだ猫が同時に存在するわけないじゃない

シュレディンガーの猫とは何か?

量子力学の不思議さを説明するときに、必ずといってよいほど、よく使われるのが、「シュレディンガーの猫」という思考実験である。

だが、この思考実験を理解するのは、見かけよりもかなり難しい。

さて、「2重スリット実験」の項目でも述べたように、量子力学の標準的な解釈(コペンハーゲン解釈)とは、
「観測される前の、電子の位置は、ホントウに決まっていない。電子の位置は、観測されてはじめて決定される。観測される前の、電子の位置は、ここにあるかも、あそこにあるかもという『可能性』として多重に存在している」
というものであった。

ここで、一番理解しておいてほしい点は、1個の粒子として観測される電子でも、観測される前では、本当に、複数の場所に

同時に存在しているということである。

たとえば、「場所A」もしくは「場所B」で観測されるかもしれない電子があったとする。

もちろん、電子は、観測すると、「場所A」か「場所B」のどちらかで観測されるわけだが、コペンハーゲン解釈では、観測していないとき（見ていないとき）は、「場所Aにいるかもしれない電子」と「場所Bにいるかもしれない電子」が、ホントウに同時に存在している、と考えている。

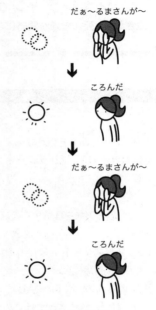

見ていない物質は、
観測される可能性として、多重に存在している

もちろんそれは、そんなバカなと言いたい、おかしな話である。だが、よくよく考えてみると、理屈としては正しい。

だって、観測していないんだから、観測していない物質が、「こ

こにあるかも、あそこにあるかも」という「観測される可能性」
として存在していると考えても、あながち間違いだと否定はで
きない。

ただし、誤解してほしくないのは、量子力学は、決して「比喩」
や「言葉遊び」で、「複数の可能性が存在する」と言っている
のではなく、「それらの可能性が、ホントウに現実に存在して
いる」と言っているのだ。

たとえば、２重スリット実験では、観測される前の電子は、「ス
リットＡを通った可能性」と「スリットＢを通った可能性」の
複数の可能性が同時に存在しており、それらが干渉しあうこと
で、干渉縞が起きると考えられる。「干渉」を起こすのだから、
この２つの可能性は、「ホントウに実在している」という以外
にない（だって、実在しなければ、干渉もしないだろう）。

で、こういった考えにもとづいて、現代科学では、観測する前
の電子は、次頁の図のように、モヤモヤした状態で存在してお
り、「位置Ａにあるかもしれないし、位置Ｂにあるかもしれない、
位置Ｃに……」というふうに、すべての可能性が重ね合わさっ
て、同時に存在していると考えている。

このように、観測される前のモヤモヤ状態のことを「重ね合わ
せ状態」と呼ぶ。

ようするに、観測する前の物質は、「たくさんの可能性がゴチャゴチャに重なった状態」で存在しているということだ。そして、観測すると、ゴチャゴチャの中から、1つの状態が選択されて、それが観測される。どの状態が観測されるか

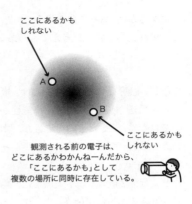

は、シュレディンガー方程式（波動関数）で、確率的に予測することができる——というのが、量子力学のすべてである。

さてさて、目に見えない小さな電子の話だから、観測されていないときは、「位置Aにあるかもしれない」「位置Bにあるかもしれない」という、「複数の可能性の重ね合わせ」として、複数の場所に同時に存在していると言われても、「へぇ〜、そーなんだー。ミクロの世界では、ボクらの日常的な世界観は通用しないんだねぇー」ぐらいにしか感じないかもしれない。

でもだ。じゃあ、この「ミクロな電子の位置」が「犬とか、猫とか、ボクたちが実際に見たり、触れたりできるマクロなモノ」に影響を及ぼすような実験装置を想定したらどうなるだろうか？

そういう疑問を持ったヒトがいる。

そのヒトの名はシュレディンガー。

量子力学の基本方程式であるシュレディンガー方程式（波動関数）を作ったヒトだ。

実は、シュレディンガーは量子力学の考え方が嫌いだった。後年、こんなヘンテコな科学に関わってしまったことを後悔して、物理学者をやめている。

そして、物理学の世界から去るときに、彼は、量子力学をけなすため、ある思考実験を考えた。それがかの有名なシュレディンガーの猫である。

実験概要

それは、こんな思考実験だった。

まず、中身の見えない箱を用意する。
そして、以下の4つを入れて、フタを閉じる。

1）電子
2）電子と反応するセンサ

3)毒ガス
4)猫

ここで、箱に入っているセンサは、「**電子が位置Aにあると、毒ガスを噴き出す仕組み**」になっている。毒ガスが噴き出せば、当然、箱の中の猫は死んでしまう。

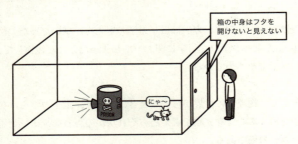

逆に、電子が位置Aになく、「別の位置Bにある」ならば、センサは反応しないので、毒ガスは噴き出さず、猫は生きていることになる。

さて、人間がフタを開けるまでは、箱の中が見えないのだから、猫が生きているのか死んでいるのか、知るすべはない。そして、当たり前のことだが、人間が実際にフタを開けて中を見たとき、猫は「生きている」か「死んでいる」かのどちらかである。

だが、ここで思い出してほしい。我々は、この箱の中の電子を観測していないのだ。量子力学では、観測していない電子の位

置は、本当に決まっておらず、「ここにあるかも」という可能性として、複数の場所に同時に存在していると述べている。

だが、その電子の位置によって、猫の生死が決定されるのだ！

もし、量子力学が正しくて、電子が複数の位置に同時に存在していると言うなら、電子の位置によって決定される「猫の生死」だって、「生きているかも、死んでいるかも」という可能性として、同時に存在していなくてはならなくなる。

でも、それって何かおかしくないだろうか？

「生きている猫」「死んでいる猫」が同時に重なり合っている状態なんて、日常的な世界観ではまったく考えられないだろう。

「ね？　おかしいでしょ？　おかしいよね？　やっぱり、量子力学は間違っているんだよ！」

と主張するために、シュレディンガーはこの思考実験を考えたのである。

シュレディンガーの猫②—よくある疑問A
箱を開ける前から、猫の生死は決まってるでしょ？

「シュレディンガーの猫」のいったい何が問題なのか。もう一度整理してみよう。

まず、そもそも、この「シュレディンガーの猫」の思考実験においては、

・電子が位置Aにあるとき→毒ガス出る→猫は死ぬ。
・電子が位置Bにあるとき→毒ガス出ない→猫は生きる。

というように、「電子の位置で、猫の生死が決まる」ように関連付けられた装置を想定している。

ここで、量子力学のコペンハーゲン解釈では、

観測していない電子は、「位置Aにあるかも」「位置Bにあるかも」といった複数の可能性として、同時に存在している。

と考えているのだから、「その電子の位置によって、生死が関連付けられている猫」だって、当然、「生きているかも」「死ん

でいるかも」といった複数の状態として、同時に存在している
ということになるはずだ（だって、電子の状態で、猫の状態が
決まるのだから）。

しかしながら、「生きている猫」と「死んでいる猫」が同時に
存在するなんて、日常的な感覚としては「ありえない」ように
思える。

結局、目に見えないミクロの電子が、「複数の状態で、同時に
存在している！」と言われても、「へぇ～、そんなもんなんだ～」
ぐらいの印象しか持たない人だって、電子が猫に置き換われば、
「ありえないよ！　こんなの明らかにおかしい！」と思うわけ
で、シュレディンガーの狙いもそこにあった。

ようするに、シュレディンガーは、「量子力学というミクロの
物質についての不可思議な理論が、猫とかのマクロな物質にま
で影響するような実験装置」を考えることで、量子力学が、い
かにメチャクチャなものであるかを示したかったのだ。

つまるところ、結論として、量子力学のコペンハーゲン解釈が
正しいのだとしたら、
「観察する前の1匹の猫が、『生きている』『死んでいる』とい
う複数の状態として、同時に存在している」
という、あまりに常識ハズレなことを受け入れなくてはならな
い。

153

さてさて、シュレディンガーの言いたいことは理解できたと思う。

だが、その前に、量子力学に慣れ親しんでいない人からすればそもそも、なんでそんな結論になってしまうのか、疑問に思うかもしれない。

というのは、この「シュレディンガーの猫」の思考実験は、もっと簡単に考えれば、何の不思議もなく説明できそうな気がするからだ。

それを踏まえて、この思考実験を再度確認してみよう。

たとえば、量子力学に対するよくある疑問として、こんなのがある。

よくある疑問A

「電子のようなミクロの物質は、すっごい小さいから、どこで観測されるのか、確率的にしかわからないよ、ってだけの話で、電子が多重に存在しているという考え方を持ち出す必要なんてないんじゃないの?」

【不確定性原理】（p.85）の項目でも述べたように、電子のようなミクロの物質は、観測するという行為によって、状態を変えられてしまうため、もともとの正確な状態を知ることができない。

したがって、「確率的にしか電子の状態を観測できない」というのは、単純に「観測のやり方・精度の問題」なのだから、「電子の位置は、観測する前でも、『ホントウは』決まっている」という考え方ができる。

ここから、

量子力学のいう「確率的にしかわからない」ってのは、単純にその程度の話じゃないの？　なんで、わざわざ、「確率的な状態で多重に存在している」とか、わけのわからないことを言い出すの？

という素朴な感想を持つ人もいるだろう。

たしかに、
「電子は小さいから、確率的にしかその位置がわからないだけであって、電子の位置は実際には決まっている」
のであれば、当然、猫の生死だって１つに決まるわけで、猫の生死が多重に存在するなんて、ヘンテコなことを言う必要はまったくない。

155

もちろん、この素朴な考えは、とても妥当でマトモな考えではある。

だが、そうすると、今度は、「2重スリット実験」などの量子力学特有の実験結果について、何も説明ができなくなってしまう。

だって、そもそも、
「電子が複数の状態で、多重に存在している」
なんてヘンテコな理論を持ち出したのは、
「そう考えないかぎり説明できないような実験結果」
があったからである。科学者だって好きこのんで、こんなヘンテコな理論を言い出したわけじゃない。

2重スリット実験を説明するためには、どうしても、
「観測する前の電子が、『スリットＡを通り抜けた状態』と『スリットＢを通り抜けた状態』の2つとして、同時に存在している」
という新しい考え方が必要だったのだ。

結局のところ、「よくある疑問Ａ」に基づいて、
「電子の位置が確率的にしか予測できないのは、あくまで観測精度の問題であって、ホントウは、電子の位置は1つの場所に決まっている！　だから、電子も猫も多重化しない！」
と素朴にシンプルに、「シュレディンガーの猫」を説明してし

まっては、
「粒子は、観測していないときでも、いつも位置が決まっている！」
という古典的な科学理論に逆戻りするだけであり、
「じゃあ、どうやって、２重スリット実験を説明するんだよ！」
という最初の問題に戻ってしまうことになる。

結局、「２重スリット実験という現実（実験結果）」に対して、古典的な科学理論（粒子は、いつもカチコチ理論）では説明がつかなかったから、しかたなくヘンテコな量子力学の理論が出てきたわけで、それなのに、古典的な科学理論を持ち出して「シュレディンガーの猫」を説明しようとするなんてことは、そもそもナンセンスなのである。

以上までが、「よくある疑問Ａ」に対する回答である。

しかし、本当に難しい問題は、「よくある疑問Ｂ」のほうである。

シュレディンガーの猫③—よくある疑問B
ていうか、センサが観測した時点で決まってるでしょ？

よくある疑問B

「『観測』すると、電子の位置は決まるんでしょ？ だったら、まず最初に箱の中のセンサが、電子の位置を『観測』するんだから、人間が箱を開ける前に、電子の位置も、猫の生死も、決まってしまうんじゃないの？」

この疑問はもっともだ。

そもそも、「シュレディンガーの猫」の思考実験では、人間が箱を空けて、中を「観測」しないかぎり、「電子の位置も、猫の生死も決まらずに、複数の状態で多重に存在している」と述べている。

しかしである。

箱の中には、電子の位置を測るための「センサ」が入っているじゃないか！ この「センサ」は、測った結果にしたがって、

毒ガスの噴射スイッチを ON にしたり、OFF にしたりする仕組みを持っている。

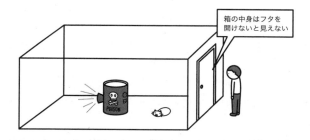

箱の中身はフタを開けないと見えない

そして、「一番最初に電子と関係を持つ」のは、このセンサなのだ。

もし、電子とセンサが出会った時点で、「センサが電子を『観測』し、電子の位置が確定する」のであれば、その時点で、毒ガス噴射スイッチの「ON／OFF」も決まってしまうわけで、当然、「猫の生死」も「生きているか／死んでいるか」のどちらか一方に決まってしまうはずだ。

だとすれば、「猫の生死」が多重化することなんかありえないことになる。

なんだ、じゃあそれで、問題ないじゃないか？

いやいや、この思考実験が、そんな単純に結論を出せるのなら、誰も苦労しない。というより、本当にそんな簡単な話なら、ボー

アもアインシュタインも誰も悩まないだろう。そこには、かなり複雑な事情がある。

結論を先に言ってしまえば、「電子とセンサが出会ったとき、電子の位置が確定する」と考えてしまうと、ある矛盾が起きてしまうのだ。

それは、いったいどういうことなのか?

電子とセンサが出会ったとき、何が起きるのか?

まず、そもそも「センサ」とはなんだろうか? 当たり前の話だが、どんな仕組みだろうと、物理学的に言えば、「センサ」とは、「ミクロの物質（原子とか）の集まり」にすぎない。

そして、この世界に起きている物理現象はすべて、「ミクロの物質のあいだに働く力（相互作用）によって引き起こされている」にすぎない。

とすれば、「電子」と「センサ」のあいだで起こることも、究極的に言えば、「電子（ミクロの物質）」と「センサを構成するミクロの物質」のあいだで、「力の相互作用」が起きただけのことである。

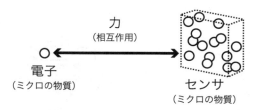

じゃあ、この「力の相互作用」の働きによってモヤモヤしていた電子の位置が1つに決定したのだ、とは言えないのだろうか？

実は、これについて考え出すと、とっても不可思議なことになる。

分子による2重スリット実験

ところで、以前にも、述べたことだが、「2重スリット実験」の干渉縞は、「フラーレンのような複数の原子から構成される分子」でも起きるということを思い出してほしい（フラーレンとは、「炭素原子が60個集まってできたサッカーボール状の分子」のことだ）。

これは非常に重要な点である。

ちょっと、話を簡略化するために、「X，Yの2つの原子から

構成される分子」を考えてみよう。

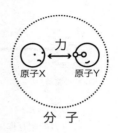

そもそも、この2つの原子が、カタマリを維持するためには、当然、原子同士のあいだで、物理的な「力の相互作用（たとえば、重力や電磁気力）」が働いていなくてはならない。

この「力」が働いて、くっついているからこそ、原子Xが右にいけば、原子Yも引っ張られて、いっしょに右にいき、カタマリを維持するわけだ。

もし、「力」が働いていなかったら、2つの原子はバラバラに散らばってしまうだろう。

さて、このカタマリ（分子）を使って2重スリット実験を行なっても、干渉縞が現れる。

ということは、この分子も、位置が「観測」されないかぎりは、どのスリットを通ったか、その位置は未確定であり、「スリットAを通ったかもしれない／スリットBを通ったかもしれない」という複数の可能性として多重に存在していることになる。

162　3章　量子力学とか

ここで、この分子は、2個の原子で構成されているのだから、つまるところ、2つの原子の位置も決定されていないことになる（もし、「2つの原子の位置＝分子の位置」が決定されていれば、一方のスリットしか通らないのだから、干渉なんか起きない）。

だが、ちょっと待ってほしい。

繰り返して述べるが、この分子は、「原子Xと原子Y」の2つで構成されているのだ。

この分子が、スリットのある壁に向かって飛んでいるときには、2つの原子のあいだには「力の相互作用（重力とか電磁気力とか）」が、常にかかっているはずである（じゃないと、カタマリを維持できずに、2つの原子はバラバラに散らばってしまう）。

結局のところ、1個の分子は、さらに小さい「ミクロの物質」から構成されているのだから、「それらのミクロの物質をつなぎとめて、分子として存在しつづけている」のであれば、現代物理学で定義されている「すべての力（電磁気力、重力、弱い力、強い力）」が、常に分子の中で生じていることになる。

それなのに、「干渉縞が発生する」ということから導き出せる結論は、「ミクロの物質」のあいだに、「力の相互作用」が起きても、ミクロの物質の位置は決定されません！

163

ということになるのだ。

だって、もし、「原子Xと原子Yのあいだで、『力の作用』が起きたとき、お互いの位置が決定される」のであれば、「『力の作用』で結びついている原子X, Yのカタマリが、モヤモヤとした可能性として、2つのスリットを同時に通り抜ける」という芸当ができなくなるわけだから、そうすると原子X, Yのカタマリを使っても干渉縞が起きることの説明がつかなくなる。

だから、2つの原子のあいだで、「物理的な力の作用」が起きても、それぞれの状態は、あいかわらず、「可能性のまんま」であり、何も決定されない、ということになる。

力の作用が起きても、やっぱり可能性のまんま

さぁ、ここで、「電子とセンサ」の話に戻ろう。

繰り返して述べるが、電子とセンサのあいだで起きていることは、究極的にいって、「ミクロの物質同士に、物理的な力の作用が起きた」だけにすぎない。

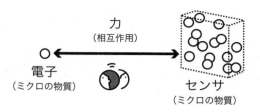

でも、「分子による２重スリット実験」では、「ミクロの物質同士に、力の作用が起きても、ミクロの物質の状態は確定されない」という結論になった。

ということは、「電子とセンサ」がどんな反応をしようとも、「電子」も「センサを構成するミクロの物質」も、「可能性のまんま」であり、「電子の位置」も「センサの状態」も、決定されないことになる。

つまり、電子は、「位置Aにあるかもしれない／位置Bにあるかもしれない」という「可能性のまんま」であり、センサ（を構成するミクロの物質）も、「位置Aの電子に反応したかもしれない／位置Bの電子に反応したかもしれない」という「可能性のまんま」である。

ようするに……

「物質」と「力」で構成されている
「分子(カタマリ)」が
複数の状態を保ったまま
多重に存在しているってことは、

同じように
「物質」と「力」で構成されている
「実験装置(カタマリ)」だって
複数の状態を保ったまま
多重に存在してるってことになる。

ということは、
「物質」と「力」の巨大なカタマリである
「宇宙(世界)」だって……。

ともかく、「分子」と「実験装置」を
区別する理由なんかどこにもない。

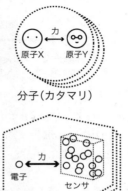

もちろん、話はそれだけではない。「毒ガス」だって、「猫」だって、同じミクロの物質でできている。

あるミクロの物質が、別のミクロの物質と力の作用を起こしても、状態は確定しないのだから、同様に、毒ガスや猫の状態も「可能性のまんま」であり、多重に存在している、という結論になる。

いやいや、それどころか、物理学的にいえば、この世界は、「ミクロの物質」とそのあいだに働く「力(相互作用)」で構成されているにすぎない。

すると、とても困ったことになる！

・世界は、「ミクロの物質」とそのあいだに働く「力（相互作用）」
　で構成されているにすぎない。

にもかかわらず、

・「ミクロの物質」に「力」が働いても、ミクロの物質の状態
　は確定しない。

のだから、なにをどうやろうと、電子もセンサも猫も、この世
界のあらゆる物質は、「可能性のまんまであり、状態が確定す
ることはありえない」ことになる。

しかしだ！　そうはいっても、現実として、我々人間は「生き
ている猫」か「死んでいる猫」か、どちらか一方の「確定した
状態」だけを認識している。

ボクらは、「可能性のまんま」の猫を観測したことなんか、一
度だってない。

いったい、これはどういうことか。

実は、これが謎であり、量子力学の最大の課題である。

理論的には、ミクロの物質は、いつまでたっても「可能性のまんま」であるはずなのに、人間が「観測」しているときは、いつも「確定」している。

それはいったい、なぜなのか？　いつ、どんな要因で「確定」したのだろうか？

抽象的自我
人間の「ココロ」に秘められた未知の力

結局、物理学的に言えば、どんな実験装置を想定したって、つまるところ、その実験装置は、「ミクロの物質」とそのあいだに働く「力（相互作用）」で構成されているにすぎない。

で、「ミクロの物質」のあいだに「力の相互作用」が発生しても、物質の状態は決まらないのだから、何があろうが、絶対に「物質の状態は決まらない」ことになる。

しかしだ！

実際に、「人間」が箱を開けて中を見たら、「生きている猫」か「死んでいる猫」かのどちらかであり、あきらかに猫の状態は決まっている。

ここから、「シュレディンガーの猫」の思考実験の、本当の問題が浮き彫りになる。

その問題とは、
「ふ〜ん、理屈として、ミクロの物質は、何をしようと可能性

のまんま、だということはわかったよ。しかも、その複数の可能性が干渉しあうんだから、それらが、ちゃんと実在しているってこともわかったよ。でもさ、実際には、『人間』が観測すると、生きている猫か死んでいる猫のどちらかを見るわけで、実際には、一方の可能性だけが起きているじゃないか！　なにそれ!?『理屈』と『実際の現実』で、矛盾しているじゃないか！」
ということだ。

何をやっても、「ミクロの物質の状態」が決まらないのであれば、「ミクロの物質のカタマリである猫の状態」だって決まらない。それなのに、人間が猫を見ると、猫の状態は決まっている。

これをどのように考えればよいのか。

この問題は、多くの科学者を悩ませた。

そんなとき、コンピュータの発明に貢献し、「コンピュータの父」と呼ばれるフォン・ノイマン博士が、「シュレディンガー方程式という数式」をどんなにいじくりまわそうと、物質の状態が確定するような答えを導き出せないことを数学的に厳密に証明した。

そう。結局、量子力学の数式の中でも、物質の状態が１つに決まることはなく、やっぱり可能性のまんまだということが数学的にも証明されたのである。

そこで、数学者のノイマン博士は考えた。

「えーと、量子力学って、猫が『生きている／死んでいる』という状態で重なり合って多重に存在していると述べているんだよね。でも、その状態を確定させる要因が、量子力学、つまり物理学のどこにもない。それなのに、『人間』が観測したときにだけ、猫の状態は決まっている……。

『人間』が観測したときだけ……。

もしかしたら、人間の『ココロ』が、『多重に存在していた猫の状態』を決めたのではないだろうか!?

つまり、我々の『ココロ』には、『複数の可能性から１つを選択できる』という『未知の力』が秘められているのではないだろうか!?」

上記の話は、笑い話ではない。

ノイマン博士は、「ココロ」や「イシキ」といった現代物理学では語れない何かが、可能性の決定を引き起こしている、と本気で主張したのだ。

もちろん、この主張は、多くの科学者や常識人から、たくさんの批判を受けた。

しかしだ。

物理学で想定している世界観（世界は、「ミクロの物質」と「力」で構成されている）では説明不可能なことが現実に起きているのだから、これは、もう、物理学の世界では想定していない「未知の何か」を持ってくる以外にはありえない。

その何かが、ノイマン博士の場合、「ココロ」とか「イシキ」とかだったりしただけである（ちなみに、ノイマンは、それを「抽象的自我」と呼んだ）。

どちらにしろ、問題を解決するためには、物理学では想定していない「未知の何か」を持ってこないといけないわけだから、ノイマン博士の発想を、単純に笑い飛ばすことはできない。

最後に、もう一度、要点をまとめよう。

・量子力学が正しいのであれば、ミクロの物質は、ずっと「可能性のまんま」であり、位置とかの状態が決まることはない。

・でも、事実として、「人間（この私）」は、どの物質を観測しても、「位置Aにある」とか「位置Bにある」とか、1つの可能性だけを認識している。

172　3章　量子力学とか

というわけで、この矛盾のツジツマを合わせるために、
「人間のココロは、量子力学（物理学）を越えた特別な存在であり、人間が観測すると、物質の状態は決まるのである！」
と考えたのである。

それは、あまりに「人間」を特別視しすぎた突飛な主張のように思えるが、この考え方だって十分にツジツマが合うのだ。

多世界解釈
イケメンで、金持ちの自分は、量子力学的に存在する？

「シュレディンガーの猫」の思考実験の問題について、1957年、当時、プリンストン大学の大学院生にすぎなかった**ヒュー・エヴァレット**から、とてつもなく画期的なアイデアが提示される。

そのアイデアはとてもシンプルなものだった。

「電子も猫も、あらゆるミクロの物質は、可能性のまんまで、重なり合って多重に存在している、ってのが、量子力学の結論なんでしょ？　でもさぁ、『猫を観測している人間』だって、同じミクロの物質で作られているんだよね？　だったら、なんで、その量子力学の結論を『人間』にも適用してあげないのさ」

それを聞いて、誰もが、はっとした。

それは、当時のどんな天才科学者たちも、みな見落としていたことだった。

よくよく考えたら、「猫を観測している人間」だって、電子や猫と同じ物質でできているんだから、「人間」にも量子力学を

174　3章　量子力学 と か

適用しなければ、公平ではないだろう。

「なぜ、誰も気がつかなかったのだろうか！」と思うぐらい、あまりに妥当な発想である。

さてさて。では、実際に「人間（観測者）」にも、量子力学を適用したら、結局どうなるだろうか？

人間も、猫と同じように、「複数の状態の重ね合わせ」として存在していることになる。

つまり、猫は、「生きている状態」と「死んでいる状態」が重なり合って、同時に存在しているのだから、それをそのまま「人間」に適用してやれば、人間だって「生きている猫を見ている状態」と「死んでいる猫を見ている状態」として、同時に存在していることになるのだ。

たとえば、「シュレディンガーの猫」の実験を実際にやって、ボクが「生きている猫を見た」とする。

そこで、ボクはこんな疑問を持つ。

「量子力学の数式のうえで、猫という『ミクロの物質のカタマリ』は、『生きている状態』と『死んでいる状態』の２つの状態が、同時に存在しているんだよね？　で、猫という『ミクロの物質

のカタマリ』に、重力が働こうが、電磁気力が働こうが、どんな『力の作用』が起きても、『どちらかの状態だけになること』はないんだよね？

でも、現実に、ボクは『生きている状態の猫』を見ているよ！じゃあ、いったい、『死んでいる状態の猫』はどこにいったのさ!?」

これについて、エヴァレットの解釈を用いれば、こう答えることになる。

「いやいや、『生きている猫』も『死んでいる猫』も、そこにちゃんと存在しているんだ。それどころか！　この実験の観察者である『キミ』も、『生きている猫を見ている状態』と『死んでいる猫を見ている状態』として、同時に重なって存在しているんだ。だって、『キミ』も、猫と同じ物質から作られているんだからね」

「ちょっと待ってくれよ！　それは、つまり、『もう1人のボク』がいるってことなのかい？　そんなバカな話があるか！」

「でも、『右のスリットを通った原子』と『左のスリットを通った原子』が、同時に存在しているんだったら、なにもおかしい話じゃないだろ？　同じように、『生きている猫を見ているキミ』も、『死んでいる猫を見ているキミ』も、同時に存在して

いるんだよ！」

「そんなことって！　それじゃあ、そんなのまるで……、パラレルワールド（多世界）じゃないか！」

というわけで、これを多世界解釈と呼ぶ。

ちょっと、こんなふうに考えてみてほしい。

カチコチの粒子だと思われてきた「1個の原子」が、実は、そんなものではなく、「ここにあるかも、あっちにあるかも」という可能性が重なり合った「波のような存在」であるというコペンハーゲン解釈が正しいのなら、

人間も含めて、すべての物質（宇宙）も「あらゆる可能性が重なり合った波のような存在」

と考えることができる。

つまり、宇宙とは、波のように漂う「巨大な可能性の塊」であると言える。

そうすると、宇宙における、あらゆる可能性は、今ここに重なり合って存在していることになる。

だから、可能性としては、「生きている猫を観測する私」も存在しているし、「死んでいる猫を観測する私」も存在しているし、「女性にモテモテで大金持ちの私」だって存在しているといえるのだ（可能性がゼロでなければの話だが）。

まとめよう。

・「電子が多重に存在するなら、猫だって多重に存在するはずだ！」という「シュレディンガーの猫」の思考実験について、「だったら、それを見ている人間だって、多重に存在するはずだ！」と、誰もが見落としていたことに、1人の学生が見事に気づいた。

・「見ている人間が、多重に存在する」ということは、「私がいる世界」が多重に存在しているということであり、それはつまり、「多世界」が存在しているという結論になる。

多世界解釈の問題①
多世界だなんて、SFの見すぎじゃないの（笑）

多世界なんて、日常的な感性では受け入れられない

ようするに、多世界解釈とは、

「1個の電子が、『こっちの場所にもある』『あっちの場所にもある』という感じで、多重に存在できるっていうなら、猫だって多重に存在するはずだ！」

「だったら、猫を見ている人間（私）だって、多重に存在するはずだ！」

「ということは、『この私』のほかにも、『たくさんの私』が存在し、『それぞれの私の世界』があるってことだ！」

という話だ。

ちょっと日常的には受け入れがたい話ではある。

しかし、多世界解釈の理屈は、実のところよくできている。

そもそも、人間だって、「電子と同じ物質」でできているんだから、人間にも量子力学を適用することは、当然で公平なことだし、人間にも量子力学を適用したら、「多世界がある」って結論になるのもしごく当たり前のように思える。

だいたい、「生きている猫」と「死んでいる猫」が重なって多重に存在することを認めた時点で、「多世界」が出てくるのは「当然の帰結」だ。だって、「生きている猫」の視点から見たら、「死んでいる猫」という存在は、あきらかに「別世界にいる自分」ということになるのだから。

結局、多世界解釈は、何か特別な前提や仮説を持ち込んでいるわけではなく、単に、同じ物質である人間（観察者）に対しても、コペンハーゲン解釈を適用しただけなのだから、「コペンハーゲン解釈が正しい」と認めるならば、「多世界解釈も正しい」と認めなくてはならない。

そんなわけで、この多世界解釈を熱狂的に支持している人たちも多い（ここでは、彼らを「多世界解釈ファン」と呼ぼう）。

しかし！

面白いことに、実際のところ、科学界では、コペンハーゲン解

釈は受け入れられているが、多世界解釈のほうは受け入れられているとは言いがたい。

それどころか、黙殺されていると言ってもよいだろう。

なぜだろうか？

多世界解釈ファンは、この現状に不満を持っており、「多世界解釈は、不当な扱いを受けている」と考えている。

そこで、多世界解釈が、「科学として受け入れられていない理由」を説明しよう。

理由　宇宙が分岐する？　そんなのSFみたいな話、ありえないよ！

「『人間』が観測するたびに、宇宙は、どんどん分岐していくの？じゃあ、宇宙は、無限にどんどん増えていくの？　そんなSF（スコシフシギ）的な馬鹿げたことありえるわけないじゃん！それに、宇宙にとって、『人間の観測』ってそんなに特別なものじゃないと思うけどなぁ〜」

多世界解釈に対し、上記のような批判をする人たちが多いが、多世界解釈ファンにとっては、まったく的ハズレなものである。

一般的に、「多世界（パラレルワールド）」解釈という語感から、「人間が観測するたびに、別の世界が生まれて、世界が増えていく」という理解をする人たち（または、そのように説明する人たち）がいるが、それはまったくの誤解である。

多世界解釈では、あくまで、宇宙全体が、「巨大な可能性の波（＝１つのシュレディンガー方程式）」であると考えている。

原子や分子などの物質が、「可能性の波（シュレディンガー方程式）」として記述できるなら、世界全体も同様に、大きな「可能性の波（シュレディンガー方程式）」として記述できると考えるのは、当然の帰結だ。

だから、「人間が観測したら、世界が分岐する」って発想がそもそも間違っている。

人間が観測する／しないにかかわらず、「世界は、あらゆる可能性を含んで、いまここに存在している」のだ。

つまり、「**最初から分岐している**」と言える。

そして、「人間（私）は、たまたま、その可能性の中の１つだった」という話であり、「人間が観測したら、世界が増える、分岐する」などのような人間を特別視した主張をしているわけではない。

また、「多世界（パラレルワールド）なんて、ＳＦ（スコシフシギ）的でナンセンスだ」という批判も的外れである。

なにも、多世界解釈は、無理やり「多世界」を持ち出してきたわけではない。

多世界解釈は、「コペンハーゲン解釈を観測者（人間）にもちゃんと適用して、論理的に考えたら、多世界という存在が導き出せたよ」という話なのだから、それを単に「ＳＦだ！　ナンセンスだ！　トンデモだ！」と否定するのは、「ただの心理的な抵抗で難癖をつけている」だけであり、「何の根拠もない批判」をしていることになる。

そういう人は、多世界解釈ファンからは、手痛い反撃をくらうだろう。

「それは、単に、あなたが、固定観念に毒されているだけで、たとえば、『地球が丸い』という事実を聞いて、ありえないと笑った人々と同じだぞ」

ともかく。多世界解釈ファンは、上記のような「誤解」や「心理的な抵抗感」を持っている人たちが大勢いるから、「多世界解釈は世間に受け入れられていないのだ！」と考えている。

したがって、彼らは、「みんなの誤解を解いて、多世界解釈が

世間に受け入れられれば、科学の正統な理論として認められるんだ！」と考え、今も布教活動に勤しんでいる。

だが、彼らが報われる日は永遠に来ないだろう。

それはなぜだろうか？

多世界解釈の問題②
多世界があったところで、見ることはできないけどね

多世界があることを、観測によって証明できない

多世界解釈の問題は他にもある。たとえば、こんな疑問。

「たくさんの世界が、重なり合って同時に存在しているって言うけど、どうやったら、もう1つの別世界を認識できるの?」

もっともな疑問だ。だが、これについて、多世界解釈は、「多世界を認識することは、どうやっても無理だ」とあっさり答える。

そうすると、「えぇ? じゃあ、多世界があるかどうかを絶対に証明できないってこと?」というミモフタモナイ話になるが、まったくそのとおりで、ようするに、多世界解釈は、「多世界があるよ。でも多世界なんか絶対見られないけどね」と言っているのだ(笑)。

人間が、多世界を認識することは原理的にできない。

これが「多世界解釈の2つ目の問題」であるが、よくよく考えれば、当たり前の話である。

たとえばの話、シュレディンガーの猫の実験において、「生きている猫」と「死んでいる猫」が、多重に存在しているなら、それを見ている『人間』のほうは、

・生きている猫を見ている人間
・死んでいる猫を見ている人間

という2つの状態で、重なり合って同時に存在していることになるわけだが、複数の状態が、重なり合って同時に存在しているといっても、「今、現に世界を観測している私」は、「重なり合っている状態のうちのどれか」にしかなれないのだから、「私」が2つの多世界を同時に見ることはできない。

もう一度、別の表現をすると、「死んでいる猫を見ている脳」と「生きている猫を見ている脳」という2つの状態が、重なり合って同時に存在しているといっても、「死んでいる猫と生きている猫を同時に見ている脳」が存在しているわけではないのだから、つまるところ、「私」は、
「死んでいる猫を見ている私」であるか、
「生きている猫を見ている私」であるか、
のどちらかであり、「2つの世界を認識するような私」には絶対なれない、という話だ。

186　3章　量子力学とか

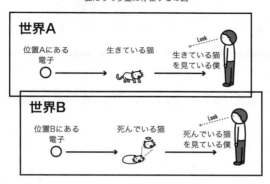

したがって、仮に、多世界解釈が正しかったとしても、「我々が、実際に多世界を観測して、その正当性を確かめることは不可能」なのである。

多世界解釈の問題③
多世界があるのに、なぜ自分はブサイクで貧乏なの？

「現に、今、この世界であること」を説明できない

多世界解釈が言うように、「異なる状況の肉体が、重なって同時に存在している」のが本当だとしても、「2つの世界を同時に見ている肉体（ボク）」が存在するわけじゃないのだから、仮に、多世界が本当にあったとしても、ボクは多世界を見ることはできない。

結局のところ、「多世界」の存在を観測によって証明することができないのだから、「多世界解釈なんてただのヨタ話」にすぎない。

しかし、困ったことに、この「多世界が観測できないこと」を多世界解釈ファンに突きつけても、
「『多世界が観測できないこと』は、多世界解釈となんら矛盾していません！　だから、問題ありません！」
と言うだけで、まったくめげない。それどころか、
「『多世界解釈が正しい』と仮定したら、『多世界が観測できない』

という結論が出てきたのだから、むしろ、『多世界が観測できないこと』は、多世界解釈の正しさを証明していると言える」とポジティブに考える。

ちょっと納得がいかないかもしれない。でも、この多世界解釈ファンの言い分は、理屈としては正しい。

少なくとも、「多世界が観測できない」ことを、多世界解釈を否定する根拠にはできない。観測ができなくたって、ホントウに「多世界」があるかもしれないからだ。

しかし、この多世界解釈にも、１つ、説明できない大きな問題がある。それは、「このボク＝今、まさに、意識をもって世界を見ているボク」という視点で、多世界というものを考えたときだ。

なぜ、ボクは、このボクだったのか？

たとえば、実際に、シュレディンガーの猫の実験をやってみたとしよう。

「ボク」が「生きている猫を見た」とする。

ここで、

「生きている猫を見た場合は、体がドロドロに溶けるような生き地獄を味わう」
と決まっていたらどうだろう?

実際に痛みを感じている「ボク」からすれば、
「ちくしょう!! ちくしょう!! なぜ『このボク』が、こんな目にあうんだよ!? いったいどんな理由で、『このボク』は、『生きている猫を見ているボク』になったんだ!? 『死んでいる猫を見ているボク』でもよかったはずなのに! ぎゃあああああああぁぁぁぁあああああああああああ!」
となって、ちょっと納得がいかないかもしれない。

そもそも、多世界解釈で、猫の実験を説明すると、「生きている猫を見ている脳」と「死んでいる猫を見ている脳」が、重なり合って同時に存在している、ということになるわけだが、よく考えてみれば、「このボク」という視点は、そのどっちの脳でもよかったはずである。「このボク」という視点は、どっちの世界のボクでもよかったのだ。

でも、どっちでもよかったにもかかわらず、「このボク」という視点は、現に、今、生きている猫を見て、痛みを感じている。

これは、どういうことだろうか?

どっちでもよいのに、なぜ、「このボク」は、一方のボクとし

多世界解釈では、どっちの世界のボクも存在していて、
多重に重なり合って存在しているって言うけど、

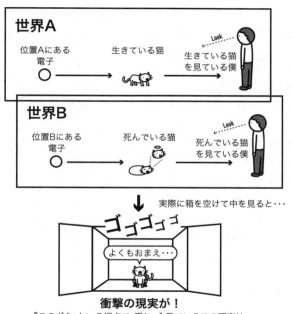

衝撃の現実が！

『このボク』という視点で、現に、今見ているこの現実は、
なぜこれに決まったのか？
別の世界でも、よかったはずなのに！

て世界を見ることになったのだろう？　いったい、どんな仕組みで？　いったい、どんな要因で？

結局のところ、
「今、まさに、生きている猫を見ているこのボク」に向かって、
多世界解釈が、「『死んでいる猫を見ているボク』というのも多世界にいるよ」と言ったところで、「じゃあ、なんで、ボクは、現に、今、生きている猫を見ているんだよ!?　現に、今、死んでいる猫を見ていてもよかったんでしょ!?」
という疑問がどうしても残ってしまうのである。

「無数の可能性の世界やボクが、存在しているにもかかわらず、なぜ、『ボク』は、『このボク』だったのか？　なぜ、『ボク』は、『女性にモテモテの大金持ちのボク』じゃなかったのか？　そんなボクでもよかったはずなのに！」

この根源的な謎について、多世界解釈は何も答えてはくれない。

多世界解釈の問題——完結編
だって、役に立たないんだもん

多世界解釈には、3つの問題があった。

問題1）多世界なんて、日常的な感性では受け入れられない。
問題2）多世界があることを、観測によって証明できない。
問題3）たくさん世界があるのに、「現に、今、この世界であること」を説明できない。

これらの3つの問題は、一見、致命的な問題のように思えるが、多世界解釈ファンに言わせれば、実のところ、まったく問題ではない。

というのは、量子力学で標準的な解釈とされているコペンハーゲン解釈も、まったく同じ問題を含むからだ。

問題1）多世界なんて、日常的な感性では受け入れられない。

そんなこと言ったら、コペンハーゲン解釈だって同じである。

「2重スリット実験において、観測していない1個の電子は、

「スリットAを通ったかもしれない電子」「スリットBを通ったかもしれない電子」という2つの状態で同時に存在している」というコペンハーゲン解釈の説明だって、日常的な感性では受け入れられないはずだ。

問題2）多世界があることを、観測によって証明できない。

そんなこと言ったら、コペンハーゲン解釈だって同じである。

「2重スリット実験において、観測していない1個の電子が2つの状態で同時に存在している」
というコペンハーゲン解釈の説明だって、観測によって証明できない。

つまるところ、コペンハーゲン解釈というのは、2重スリットなどのヘンテコ実験結果について「観測していないとき、電子が多重に存在していると考えれば、ツジツマが合うよ！」という話をしているわけだが、そもそも「観測していないときのことを観測によって確かめる」ことなんかできるわけないのだから、コペンハーゲン解釈だって、観測によってその正しさを証明することは、原理的に不可能なのである。

問題3）たくさん世界があるのに、「現に、今、この世界であること」を説明できない。

そんなこと言ったら、コペンハーゲン解釈だって、同じである。

「2重スリット実験において、観測していない1個の電子が2つの状態で同時に存在している」
というコペンハーゲン解釈の説明だって、
「現に、今、観測してみたら、スリットAを通っている電子が観測されたけど、なんで、スリットAの方の電子だったの？電子は、スリットBを通っていてもよかったはずなんでしょ？」
という同じ疑問が成り立つ。

もともと、コペンハーゲン解釈とは、
「シュレディンガー方程式という波の方程式を使って、その方程式の波の高いところでは、電子が観測される確率が高いよ。理由はよくわからないけどね」
と述べているだけである。

だから、コペンハーゲン解釈に、
「なぜ、その場所で、電子が見つかったのさ!?　別の場所で見つかってもよかったのに！」
と問いつめても、
「さぁ、そんなこと知りません」とサジを投げる。

結局のところ、電子がどこで見つかろうと、「たまたま、そこで見つかったんじゃないの？」ぐらいにしか言えないのだ。

したがって、多世界解釈が、「たくさん世界があるのに、なぜ、現に、今、この世界であるのか?」を説明できないからって、非難されるいわれはないのだ。

コペンハーゲン解釈と同様に「さぁ、たまたまじゃないの?」と言えばよいのである。

以上のように、世間一般から、非難されている多世界解釈の問題というのは、実のところ、量子力学(コペンハーゲン解釈)でも共通する問題なのである。

だとすると、なぜ、コペンハーゲン解釈だけが受け入れられて、多世界解釈のほうは許されずに、科学界から総スカンを食らっているのだろうか?

やっぱり、多世界というSFチックな語感が、受け入れがたいのだろうか?

いやいや、そうではなく、実はとっても単純な理由である。

なぜ、多世界解釈が、科学界から受け入れられていないのか?

それは、

何の役にも、立たないから!

196 3章 量子力学とか

である。

結局のところ、多世界解釈は、コペンハーゲン解釈の
「電子が位置Aにある、電子が位置Bにある、が重なって存在する」
というのを
「電子を位置Aで観測する私がいる、電子を位置Bで観測する私がいる、が重なって存在する」
という言い方に換えただけなのだから、量子力学のシュレディンガー方程式の形は、何も変わらないのである。

だから、どっちの解釈だろうと、あいかわらず、シュレディンガー方程式で計算して、確率的に予測することに変わりはないのだ。

しかも、多世界という新しい概念を導入したところで、コペンハーゲン解釈とは違う「新しい方程式」ができるわけでもないのだから、科学者たちが、「あるかどうかもわからない多世界」を積極的に受け入れる必然性はまったくないのである。

量子力学を第一線で利用している科学者たちは、決して馬鹿ではない。彼らは、コペンハーゲン解釈のおかしなところも、多世界解釈の妥当性もちゃんとわかったうえで、

コペンハーゲン解釈→使っている（予測の道具として、使える
　　　　　　　　　　　　　　　　　　　から）
多世界解釈　　　　　→使わない（予測の仕方が同じだから）

としているのである。

つまるところ、科学者たちが、多世界解釈を使わないのは、「多
世界なんか絶対ない！」と頭ごなしに否定しているからではな
く、使っても、役にも立たないから、無理に使わないだけなの
である。

それでも、多世界解釈ファンは、「コペンハーゲン解釈が正し
いなら、多世界解釈も正しいことが論理的に導かれるんだ！」
とその正当性を主張し、「コペンハーゲン解釈だけが受け入れ
られて、多世界解釈が受け入れられないのは、科学者たちの偏
見だ！　陰謀だ！」と非難し、「きちんと説明し、みんなの誤
解を解けば、多世界解釈は、量子力学の正統な理論として認め
られるんだ！」と考え、今も布教活動に勤しんでいる。

おそらく、彼らが報われる日は永遠に来ないだろうが、多世界
という浪漫のある響きから、この解釈に入れ込んでしまう気持
ちもわからなくもない。

パイロット解釈
やっぱり世界は、コロコロ転がるボールでできてないと

今まで、量子力学（コペンハーゲン解釈）の説明として、
「1個の粒子が、観測されていないとき、波のような状態になって、スリットＡ、スリットＢを同時に通り抜ける」
という、日常的な感性からすれば、まったく常識外れなことを述べてきた。

だが、「その常識的な世界観では説明のつかない実験結果（2重スリット実験）」が、現実に存在するのだ。だから、その「ヘンテコな実験結果」と、ツジツマを合わせるために、「ヘンテコな新しい考え方」を作り出すしかなかったのは仕方がないだろう。

「だけど、それにしても……」
と思うかもしれない。

「もっとマシな考えはなかったの？　なんかこう、もっと日常的で合理的で、ツジツマの合う考えって、本当に、ほかになかったの？」
と疑問に思うかもしれない。

実を言えば、ある！

それがボームの提唱した「パイロット解釈」だ！

パイロット解釈とは

まず、２重スリット実験を思い出してほしい。

そもそも、この実験がスコシフシギだったのは、粒子（電子）を１個だけ飛ばしたにもかかわらず、その粒子が観測される場所の確率が、「波が２つのスリットを同時に通ったときにできる形（干渉縞）」と同じだったことである。

それで、そのツジツマ合わせとして、「観測すると１個の粒子であるはずの電子」が、「観測していないときは、波のような存在になっている」というヘンテコな話が出てきてしまったのだ。

もちろん、そのヘンテコな話が正しいのかどうかなんてことは確かめようがないが、ともかくそう考えればツジツマは合うのである。だが、しかし。ツジツマが合えばいいってだけなら、別の考え方だってできるだろう。

たとえば、粒子が観測される場所が、波の形になっているのだから、下図のように「波が出てから、粒子が飛ぶ」と考えるのはどうだろうか？

1）ミクロの粒子（電子）が、移動する前に「波」を出す。

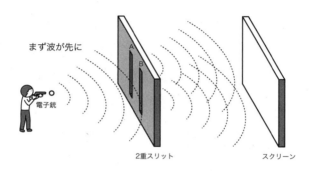

2）粒子は、その「波」に乗って、移動する。

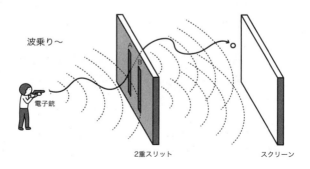

ここで、この「波」は、「パイロットのように粒子を導く波」ということから、「パイロット波」とか「ガイドウェーブ」と名づけられ、このツジツマ合わせの説明を「パイロット解釈」と呼ぶ。

実は、こんなふうに考えても、2重スリット実験は説明できてしまうのだ。

このパイロット解釈を、もう少しイメージしやすくするために、ちょっとこんなふうに考えてみよう。

まず、ゴルフ場のグリーンを思いうかべてほしい。平らなグリーン上で、ゴルフボールを打てば、ボールはまっすぐ進み、だいたい同じような位置に集まるだろう。

だが、ボールを打つ前に、グリーンがウネウネと波うっていたら、どうなるか？

当然、ボールは、まっすぐは進まず、その波の形に影響されて、あっちの谷に転がっていったり、むこうの谷に転がっていったりする。

ここで、ボールを打つときに、毎回、微妙に力加減が違うとしたら、それぞれのボールは違うところに転がっていき、事前に

202　3章　量子力学とか

どこに転がっていくのかを正確に予測するのは不可能となる。

だが、それでも、ボールが転がっていきやすい場所というのはあるだろう。

たとえば、谷の深いところほど、ボールは転がっていきやすいだろうから、谷が深ければ深いところほど（波が大きいところほど）、そこでボールが見つかりやすい、という確率的な予測ぐらいはできるはずだ。

ここで、もし！　このグリーンのウネウネの波が、干渉縞の形になっていて、谷がシマ模様になっていたとしたら……！
ボールは、谷のあるところに集まりやすいのだから、ボールを何個も打ちつづければ、ボールが発見される場所の分布が、干渉縞にしたがったシマ模様と同じになるのは当然のことと言えるだろう。

と、こんなふうに、
「空間を歪めるような未知の波が、先行して進み、それが粒子の動きに影響を与えている」
と仮定すれば、2重スリット実験の不思議な現象は、案外、合理的に説明できてしまうのだ。

しかも、素晴らしいことに、この説明は、僕たちの日常的な世界観と非常に一致している！

だって、1個のボール（電子）は、観測する／しないに関係なく、いつも1個のボールであり、たんに移動するときに、ウネウネと動く波に影響されて、あっちで観測されたり、こっちで観測されたりするだけなのだ。それは、とっても、イメージしやすい。

少なくとも、「観測していないときは、電子が多重に存在している」とか「1個の粒子が、波として、2つのスリットを同時に通った」というよりは、とっても健全な考えのように思える。

実際、このパイロット解釈は、発表当時、とても注目された。科学者たちは、拍手喝采で、パイロット解釈を迎え入れようとしたのだ。

「やったー!! これでやっと、俺たちは、量子力学という、わけのわからん世界観から抜け出せるかもしれんぞ! やっぱり、ボールはボールなんだよ。ボールがコロコロ転がるような単純な世界観が一番だねぇ!」

しかし、このパイロット解釈には、致命的な問題あり、それによって、一気に捨て去られることになる。

204　3章　量子力学とか

パイロット解釈の問題
簡単な数式にならない理論はいりません

そもそも、2重スリット実験で、科学者たちを悩ませてきた不可思議な現象とは、
「1個1個、粒子を発射しているのに、粒子が観測される場所の分布が、なぜか波の形になっているぞ」
ということであった。

この不可思議な現象のツジツマを合わせて説明するため、科学者たちは、「1個の粒子が、観測していないときは『波』のようになって、2つのスリットを同時に通ったのさ」というヘンテコな解釈（コペンハーゲン解釈）をせざるをえなかった。

だが、しかし！

そんなヘンテコな解釈をしなくても、パイロット解釈のように、「パイロットウェーブという『未知の波』があって、それが粒子の行き先に影響を与えている」という考え方をすれば、2重スリット実験を合理的に説明できてしまうのである。

しかも、このパイロット解釈の説明は、ワレワレの日常的な世

205

界観と、とてもよく一致する。

パイロット解釈では、電子や原子や分子は、カチコチの1個の
ボールであり、それがコロコロと、パイロット波に乗って進ん
でいくだけなのだ。そして、そのうねうねと動くパイロット波
が、あまりに複雑なので、電子がどこに行くかわからず、「電
子の位置を確率的にしか予測できない」というだけである。

したがって、なにもわざわざ、ワレワレの日常的な直感と反す
るような「観測していない電子は、可能性として多重に存在し
ているのだ！」「可能性だから、2つのスリットを同時に通れ
るのだ！」なんて言わなくても、2重スリット実験は、すっき
りと説明できてしまうのである。

もちろん、このパイロット解釈を適用するなら、「シュレディ
ンガーの猫のパラドックス」も発生しない。

だって、パイロット解釈では、「スロットAを通った粒子、スロッ
トBを通った粒子が重なって存在している」というヘンテコな
ことを考えないのだから、当然、「生きている猫と死んでいる
猫が重なっている」というヘンテコなことを考える必要もなく
なる。

ということは、当然、「多世界」なんてヘンテコなことも言い
出す必要もなくなる。

206　3章　量子力学とか

おっと、なんだか、「パイロット解釈こそが正しい」としてしまえば、量子力学のヘンテコな考え方を、すべて一掃できるように思える。その意味で、当初、科学者たちが、このパイロット解釈に寄せた期待は大きかった。

しかし、パイロット解釈には、2つの問題があったため、量子力学の標準解釈として採用されることはなかった。

その2つの問題について、少し説明しよう。

問題❶ でも、そのパイロット波って観測されたわけじゃないぞ!

そう。あくまで、パイロット解釈とは、「もしパイロット波というものがあれば、ツジツマが合うよね」というだけであり、パイロット波が、実際に観測されたわけではないのだ。

もっとも、パイロット波が、「仮にあった」としても、我々は「パイロット波に乗って動いている粒子」しか観測できないのだから、つまるところ、パイロット波そのものを観測することはできない(というより、そもそも、ボクらは「波そのもの」を観測することなんかできない)。

したがって、パイロット解釈が、どんなに日常的な直感と一致

していようと、観測されない以上は、あくまで仮説（ヨタ話）
の域を出ないのである。

……とはいうものの。観測できなくても、パイロット波がある
と考えれば、最も合理的に説明できるのだから、「パイロット
波がある」と考えたっていいはずだ。

なにより「観測していないとき、粒子は多重に存在している」
と述べるよりは、よっぽど健全だろう。

そう考えれば、「観測できないこと」は、パイロット解釈にとっ
て、それほど致命的な問題ではない。

問題❷　だって、数式が難しいんだもん！

実は、これこそがパイロット解釈の最も致命的な問題である。

パイロット解釈では、「粒子が波に乗って移動する」という日
常的でわかりやすい考え方だが、これを数式にしてきちんと書
こうとすると、とてつもなく面倒な方程式になってしまうのだ。

パイロット解釈の方程式とは、簡単に言えば、「波が粒子に力
を加えて、粒子の軌道を変えるような方程式」なのだが、この
方程式がメチャクチャ複雑で面倒くさいのだ。はっきり言って、

人間が手作業で解けるようなシロモノではない。

しかも、方程式が複雑で難しいからといって、コペンハーゲン
解釈の方程式（シュレディンガー方程式）より予測精度が高く
なるわけではない。

パイロット解釈の方程式でも、やっぱり確率的にしか答えを出
せないのだ。

結局のところ、どっちの方程式を使おうが、「電子が観測され
る場所の確率は、こういう波の形になります」ということが導
き出されるだけである。

さてさて。パイロット解釈の方程式に比べれば、コペンハーゲ
ン解釈のシュレディンガー方程式は、まだ簡単である。

だから、仮に、「パイロット解釈が正しいと信じている科学者」
がいたとしても、そいつに、「ミクロの物質の位置を予測する
仕事」を与えたら、絶対、「コペンハーゲン解釈のシュレディ
ンガー方程式」を使って計算するに決まっている。

「なんだよ、おまえは、つねづね、コペンハーゲン解釈なんか、
穴だらけの理論だって、さんざん言っていたじゃねぇか！　パ
イロット解釈の数式を使えよ、このやろー！」
「う、うるさいな！　だって、シュレディンガー方程式を使っ

209

たほうが、簡単なんだもん!!」

実際のところ、現場で活躍している多くの科学者からすれば、
コペンハーゲン解釈だろうと、パイロット解釈だろうと、多世
界解釈だろうと、観測によって証明できない以上は、どっちも
同じレベルの仮説（ヨタ話）にすぎない。

で、どっちの仮説（ヨタ話）を採用しようが、予測できる結果
はいっしょなのだ。

「だったら、決まってるさ！　数式が簡単なほうを使うに決まっ
てる!!」

パイロット解釈が、標準解釈として採用されなかった理由は、
なにより「使いにくかった」からである。

シンプルで綺麗な数式として表現できない理論なんかに、使い
道などない。

こうして、パイロット解釈の研究は、下火になっていくのであっ
た。

210　3章　量子力学とか

解釈問題
目に見えない世界での出来事は、すべて解釈である

コペンハーゲン解釈、多世界解釈、パイロット解釈。

量子力学について、いろいろな解釈を述べてきたが、はたして、どれが正しいのだろう？

ホントウのことを言えば、どれも正しくない。

今まで、さんざん、観測してない1個の電子が、「複数の位置に同時に存在している。2つのスリットを同時に通り抜けた」とか言ってきたが、それだって、ホントウは、嘘っぱちである。

どういうことだろうか？

まずそもそも、今まで紹介してきた話は、すべて「○○解釈」であることに注目してほしい。「コペンハーゲン理論」「パイロット理論」ではなく、「コペンハーゲン解釈」「パイロット解釈」と呼ばれていることに注意してほしい。

なぜ、これらは「理論」ではなく、「解釈」と呼ばれているのか？

量子力学をきちんと理解するためには、このへんの事情をよく
知っておく必要がある。

古い時代における科学観

そもそも、古くから物理学では、ある「現象」に対して、それ
を説明できる「正しい理論」というのは「1つだけである」と
考えられてきた。

たとえば、「ボールが落下するという現象」をきちんと説明で
きる「正しい理論」は、「ニュートンの重力理論」だけである、
という具合にだ。

だから、もし、「新しい物理現象X」が見つかって、その現象
Xを説明できる「理論A」「理論B」があったとすれば、古い
時代の科学者たちは、「2つの理論のうち、正しいのは1つだ
けであり、すくなくとも、どっちか一方の理論は間違っている」
と考えてきた。

「異なる理論が、2つとも正しいということはありえない。真
実は、常に1つ！　たとえ今は、どちらが正しいのか判断でき
なくても、実験や観察により検証を進めていけば、間違った理
論は、必ず破綻して、最後に正しい理論だけが残る！」

212　3章　量子力学とか

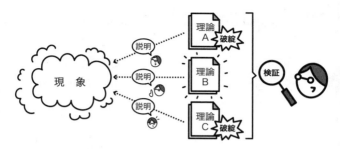

複数の理論があっても、「正しい理論(真実)」はひとつだけ、
検証を進めれば、ニセモノは破綻し、ホンモノだけが残る。

古い時代の人たちは、とても素朴で楽天的だった。

人間は、一所懸命、努力して、研究を積み重ねていけば、いつかは必ず、「正しい理論(真実)——この世界で起きている現象をすべて説明できる、たった1つの正しい考え方——」に到達できると信じていた。

そして、この信念に基づき、古くから人々は、「オレの考えが正しくて、オマエの考えは間違っている」と「たった1つの真実」をめぐって、論争を繰り広げてきた。

だが、科学の分野が、量子力学などのミクロの物質を研究対象としはじめたとき、この信念は、もろくも崩れ去ってしまうのである。

ミクロの世界は、観測して確かめることはできない

まず、「電子」や「原子」や「分子」などのミクロの物質は、ボクらが日常的にイメージするような、「コロコロ転がるボール」ではないのは、2重スリット実験から明らかである。

「コロコロ転がるボール」だと考えてしまっては、実験結果とツジツマが合わないからだ。

そこで、そのツジツマを合わせるため、なんらかの新しい仮定（多世界とか、パイロット波とか）を追加して、新しい理論を作るわけである。

だが、困ったことに、どんな理論を作ろうが、結局のところ、量子という「目に見えない小さなミクロの世界の現象」についての話なのだから、その理論が「ホントウに正しいかどうか？」を「直接見て確かめる」というわけにはいかない。

それに、そもそも、2重スリット実験の場合は、「観測してないとき、電子はどうなっているか？」ということが問題になっているのだから、「観測していないときの電子の状態」を説明する理論を「観測して確かめる」ことなどできるわけがない（笑）。

結局、「見えないモノ」または「見ていないときのモノ」につ

214 3章 量子力学とか

いては、何を言おうと、「たぶん、きっと、おそらく、こうなっているんじゃないの？　ホントウのところは知らないけどさ」ということしか言えないのだ。

じゃあ、「観測して確かめる」という直接的な方法が使えないんだったら、「理論としてツジツマがあっているか」を基準に「その理論が正しいかどうか」を判断すればいいだろうか？

いやいや、それではダメである。困ったことに、「その現象の説明として、ツジツマの合う理論は１つだけではない」のだ。

たとえば、コペンハーゲン解釈、多世界解釈、パイロット解釈。どれもすべて、ツジツマは合っている。

というより、「ツジツマが合うように考え出された仮説（物語）」なのだから、ツジツマが合うのは当然である。「多世界があると仮定する多世界解釈」のツジツマが合うのは当然であるし、「パイロット波があると仮定するパイロット解釈」のツジツマが合うのは当然である。

もともと、どの解釈もツジツマを合わせて作っているんだから、「ツジツマが合うかどうか？　理論として矛盾がないかどうか？」を基準にして、「どれが正しいのか」を判断することはできない。

さぁ、困ったことになってきた。いったい、どうやって、どの理論が正しいかを判断すればいいのか？

結論を言えば、そんなの無理である。

「理論としてツジツマが合っているかどうかは基準にならない」のだから、どんなに議論を重ねたって無駄だし、「観測して確かめられない」のだから、どんなに実験をやっても無駄である。

結局のところ、どんなにがんばろうが、「確かめようがないものは、確かめようがない」のである。

つまるところ、コペンハーゲン解釈とは、
「電子は、『ホントウは』可能性として、多重に存在していて、2つのスリットを同時に通ったのさ。そう考えれば、ツジツマが合うよ。あ、その可能性って、観測できないけどな（笑）」
と言っているだけであり、

パイロット解釈とは、
「電子は、『ホントウは』パイロット波を出して、その波に乗るように進むのさ。そう考えれば、ツジツマが合うよ。あ、そのパイロット波って、観測できないけどな（笑）」
と言っているだけである。

だったら、もうなんだっていいじゃないか！

「電子は、『ホントウは』小人さんが、動かしていて、だからあんなふうに干渉縞ができるのさ。そう考えれば、ツジツマが合うよ。あ、その小人さんって観測できないけどな（笑）」

これだって、十分にツジツマがあった仮説と言える。

こんなタワゴトのような仮説でも、「ありえない」と否定することは、原理的に不可能である。だって、「見えない」のだから、その「ありえない」ってことが「観測できない」のだ。

それに……。もしかしたら！　もしかしたら！　「ホントウに」小人さんがやっているかもしれないじゃないか！　ありえないなんて、どうして言えるんだろう？

厳密には、そんなヨタ話だって、決して「ありえないとは言い切れない」のである。

つまるところ、我々は「観測できないこと」について何も言うことはできない。

観測できないことについて、「ホントウはどうなっているか？」なんて語りだしたらきりがない。

もし、あなたが想像力豊かなら、いくらでもツジツマの合った

217

新しい「解釈(物語)」を作り出すことができるだろう。

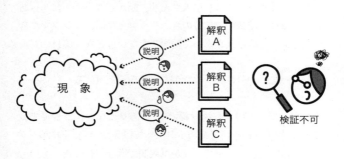

複数の解釈があり、どれがホントウに正しいのか調べる術はない。
もちろん、どれもツジツマを合わせ、きちんと現象を説明している。
だったら、あとは個人の趣味の問題で、どれを選んだってよいのだ。

結局のところ、上の図に示すように、ある「現象」に対して、それを説明できる「解釈」は、いくらでも作り出すことができ、どれが正しいか知る術は存在しない。

これが、量子力学以降の科学の状況である。

だから、もし、量子力学をきちんと理解している科学者に、「コペンハーゲン解釈、パイロット解釈、どれが正しいの？」と聞けば、こう答えるだろう。

「そんなの解釈の問題だ。科学の範疇ではない」

実際のところ、「観測によって知りえないこと」について、どれが正しいとも、どれが間違っているともいう権利は、誰にもない。

「観測しえないこと」「見えないもの」について、我々が語るのは、あくまでも「こういうふうに考えることもできるよね」という解釈である。その「解釈」について、「正しいだの間違っているだのと議論する」のは、個人の趣味の問題であって、科学の範疇ではないのだ。

それでは、なぜ、現代科学が、コペンハーゲン解釈を「標準解釈」として選んでいるのか？

それは、たくさんの解釈の中で、
「もっともシンプルでわかりやすい便利な数式」
として表現できる解釈だったからである。

だから、決して科学は、「コペンハーゲン解釈が説明するとおりに、現実もホントウにそうなっている」とは述べていないことに注意してほしい。

「観測していない電子が多重に存在する」というのは、「あくまで解釈」であり、科学者たちは、人に説明するときに「便利」なので、「1個の電子が同時にスリットを通ったよ」と表現しているだけである。

だから、「ホントウにそうなの？」と科学者に問いかけたところで、彼らは「そんなの知らないよ」と苦笑いしながら肩をすくめるだけである。

だって、その「ホントウのこと」は、調べようがないのだから……。

量子力学以後の科学観

つまるところ、
「科学的に観測できない現象」については、科学は何も言うことはできない。

また、ミクロの世界では、人間の直感的な常識が通じないことが起きているのだから、「科学的に観測できない現象」について、既存の理論から合理的に推測して、「こうなっているに決まってるだろう！」と断言することもできない。だから、せいぜい、科学者が言えることは、「今のところ、予測精度ナンバーワンなのは、この数式です」という端的な実験的事実だけある。

現代において、科学とは、
「技術的に応用可能な理論（数式）を提供する道具体系」
であり、

科学ができることは、
「実験結果となるべくぴったり合う、ツジツマの合った理論体系（数式）を提供すること」
だけなのだ。

それ以上のこと……、つまり、
「観測できないけど、ホントウはこうなっているんじゃないの？」
ということについては、すべて確かめようのない「解釈問題」
として、科学は、一線を引くことになった。

だから……、
「この世界は、ホントウはどうなっているの!?　世界は、いったい、どのような仕組みで成り立っているの？」
という、古くから科学が追い求めてきた「世界のホントウの姿を解き明かす」という探求の旅は、科学史のうえでは、すでに終わっているのである。

科学は、世界について、ホントウのことを知ることはできない。

「ホントウのことがわからない」のだから、科学は、「より便利なものを」という基準で理論を選ぶしかないのだ。

量子力学が、科学に与えた革命的な影響……。

それは、人類の科学観を

「真理探求の学問」から「道具主義的な学問」へ
と転換させてしまったことである。

4章

科学哲学史とか

「科学的に証明されています」
ってよく聞くセリフだけど、
じゃあ「科学」ってどこまで正しいと言えるの?
そもそも、「科学」っていったいなんなのよ?

帰納主義
黒いカラスをたくさん見たから「カラス⇒黒い」なのだ

帰納主義とは、1600年頃、イギリスのベーコンによって提唱された「科学についての思想」である。

そもそも、帰納とは、
「個々の経験的事実の集まりから、そこに共通する性質や関係を取り出し、一般的な法則を導き出す」
ということである。

たとえば、世界中を駆けずり回って、「カラスは何色だったか？」ということを聞きまわる。そして、「カラスは黒い」という目撃データがたくさん集まれば、「カラス→黒い鳥である」という法則が導き出せる。

このように、「たくさんの観測データから、一般的な法則を導く」というやり方を帰納法という。そして、帰納法により導かれた「カラス→黒い鳥である」という法則は、「カラスが黒い」という観測データが多ければ多いほど、みんなに信頼され、より正当化されるのである。

224　4章　科学哲学史とか

つまるところ、ベーコンは、「この帰納法を用いて、科学は作られるべきだ」と主張したわけだ。もっと簡単に言うと、「科学は、観測や実験などの事実を元にして、作られるべきだ」ということである。

もしかしたら「ナニを当たり前のことをいっているのだ！」と思うかもしれない。

だが、実を言えば、もともと、ベーコン以前の科学は、伝統的権威的な偏見に満ち溢れていた。権威的な学者が根拠もなく言ったことや、昔から伝統的に言われていることを鵜呑みにするという風潮が強くあった。たとえば、アリストテレスという紀元前の偉大な学者の「重いものは、軽いものより速く落ちる」という根拠のない偏見を2000年近くも、科学者はずっと信じ込んできたのだ。

ベーコンは、そういう偏見に満ちた伝統的な知識を科学から一掃しようと努めたのである。

科学に、権威など必要ない。科学は、「観察という確かな事実」を元にして、「観測事実と矛盾しないように構築されていく」べきなのだ。

このベーコンの「帰納主義」は、当時、最も説得力を持った革命的な考え方であり、後の「科学」というもののあり方を完全

に決定づけた。

ところで、今でも、一般の人が「これぞ科学的」といって思いうかべるのは、この「帰納主義による科学」であろう。

だが、帰納主義による科学は、多数の問題をはらんでおり、たくさんの批判を受け、ここから、「科学とは何か？　科学とはどうあるべきか？」という探求が始まる。

帰納主義の問題
データがそろえば、科学理論になるってもんじゃない

ベーコンが提案した「帰納主義による科学理論の構築方法」とは、「観察や実験を繰り返し行い、その観測事実（データ）に基づいて、理論を構築していきましょー」ということである。

したがって、たくさんのカラスを観察して、「あのカラスＡも黒い。あっちのカラスＢも黒い」というように、「カラスが黒い」というデータをたくさん集めていけば、「カラスは黒い」という理論はどんどん信頼できるものになるわけだ。

この帰納主義的なやり方は、非常にうまくいった。人類は、ついに「権威や宗教による迷信」にとらわれずに、客観的で確実な理論の構築方法を手に入れることができた！

かに見えた……。

だが次第に、帰納主義的な科学にも、問題があることがわかってきたのである。

というのは、帰納主義的な科学では、

「理論を支持するデータがたくさんあれば、科学的な理論として認められる」
わけだから、逆に言えば、
「どんなに独りよがりで嘘っぱちな理論でも、ある程度、データが揃っていれば、科学的に正当な理論だと称する」
ことができてしまうのだ。

だから、「ナマズが暴れるのは地震の前兆である」という俗説すら、「ナマズが暴れた→地震が起きた」という事例をたくさん集めれば、「科学的に正当な理論」だと言えてしまうのである。

そんなわけで、思い込みの激しいエセ科学者はもちろんのこと、心理学者や経済学者までも、自分の理論に都合のよいデータを大量に持ってきて、「これは科学的な理論です！」と、無茶苦茶なことを言いはじめたのである。

それどころか……。

今まで、「ワレワレの教義は、理性では測ることはデキマセン。とにかくシンジナサイ」とか言ってた神秘主義者たちでさえ、世界各地の神秘的現象の事例を取り上げて、理論武装して、「ワレワレの教義は、科学的に実証されています！」とさえ言い出してきた（笑）。だいたい、人間は、事例を挙げて説明されると、案外簡単に信用してしまう。

さぁ、困ったことになったぞ！

もともと、帰納主義の名の下に、大量の観測データを蓄積して
いって、古い迷信などのウソ理論を排除するのが目的だったの
に、実際にはウソ理論は減るどころか、むしろ増えつづける一
方で、しかも、そのウソ理論、はては神秘主義まで、みんな「科
学の仲間入り」という結果になってしまった。

そのため、混迷する科学界は、この侵入してきた「ウソ科学（疑
似科学）」をなんとしても叩き出す必要があった。

しかしである。ことは、そう簡単ではなかった。

というのは、この時代、「非ユークリッド幾何学の発見」によ
り「矛盾のない理論などいくらでも作り出せる」ということが
わかってきたからだ。だから、ウソ科学といっても、「自己破
綻しているようなメチャクチャな理論」ばかりではなく、「ど
んなに眺めても矛盾のかけらも見つからないウソ理論」もある
わけで、余計に始末が悪かった。

そうなのだ。疑似科学だから、きちんと賢い人が、じっくり問
いつめれば、ボロ（矛盾）が出てきて理論が破綻する、なんて
思ったら大間違いなのだ。

かといって、科学者の大御所や偉い人なんかに、「これはホン

モノ、これはウソ」なんて判定をまかせてしまったら、またもや権威主義に逆戻りである。

では、いったい、どうやって、本物の科学と、ニセモノの科学を見分ければいいのか？

我々は、本物の科学とニセモノの科学を区別するための「境界線」をどこかに引かなくてはならない（これは「境界設定問題」と呼ばれる）。

「そういう難しいことは、おれたちにまかせてもらおう！」

そんな状況を見かねて、やってきたヤツらがいた。ウィーン大学の哲学教授を中心とした、研究グループ「ウィーン学団」である。

論理実証主義
実証されていない理論は、ウィーン学団が許さない

ウィーン学団という哲学の研究グループが、混迷した科学界を救うため、「ホンモノ科学と疑似科学の境界線を引く方法」として、「論理実証主義」を提唱し、科学界に乗り込んできた！

ウィーン学団（論理実証主義）の考え方を簡単に言おう。

1）一見、どんな複雑に見える理論でも、つまるところ、「〇〇は××である」という短い単純な言葉が、集まってできているだけである（ちなみに、こういう短い単純な言葉のことを「原子命題」と呼ぶ）。

2）で、理論っていうのは、そのたくさんの短い言葉（原子命題）が、「かつ（∧）、または（∨）、ならば（⇒）」とかの論理的関係で組み合わさっただけである。だから、どんな理論でも、「言葉A∧言葉B⇒言葉C」という感じで表現することができる。

というわけで、ようするに、論理実証主義者にかかってしまえば、どんな理論だろうと、ぜんぶ短い文章になるまで切り刻んでしまい、あとは、論理体系にしたがって、

「原子命題Ａ ∧ 原子命題Ｂ ∨ 原子命題Ｃ……」

などのように、記号の世界に置き換えて、その理論の論理的構造を厳密に整理してくれるのだ。このように整理された理論を、あとはじっくりと「実験や観察によって、実証された事実であるか？」という観点で、真偽の検証を行なっていく。

そして、その検証の結果、その理論の中に「実験や観察によって、実証されていない部分」が見つかったら、「はーい、この理論は、ここが実証されていませーん。だから、机上の空論でーす。作った人の妄想でーす」と断言してしまうのである。

ちなみに、この論理実証主義の適用範囲はとても広く、複雑な科学理論だけでなく、聖書でも、親父の説教でも、文章であればなんでも適用できてしまう。だから、「親父の説教」を分析して、記号論理学にしたがって整理した挙句、「おとうさん、あなたのお話は、この部分が、観察された事実に基づいていません。ということは、根拠のない飛躍が含まれていますので、今の話は、まったく無意味で、無価値です」と厳密に問題点を指摘できてしまうのだ。

まったくもって、頭のよいエリートが考えそうな、ミモフタモナイ無機的なやり方である！

232　4章　科学哲学史とか

だが、たしかに、これ以上ないくらいの厳密な判定方法だし感情的な判断も入りそうにない。科学と疑似科学を判定するのに、最適な方法だと言える。

「科学であるか、そうでないか……それは……おれたち、ウィーン学団が決める！」

こうして、ウィーン学団による「疑似科学狩り」がはじまった。科学界に殴りこんだウィーン学団は、論理実証主義にしたがって、論理的に厳密に厳密に検証を開始した。

「ウィーン学団だ！　全員、手をあげろ！」

ナマズ地震前兆説「ひ、ひぃ〜！」

「きさまの理論を述べよ！　ワレワレが、論理的に分析して検証する。……なになに、貴様の理論の中に、まだ実証されていない仮説が含まれているではないか？　貴様の理論は、本当かどうかもわからん、妄想だ！　この疑似科学め！」

パァ〜〜〜ン！

ナマズ地震前兆説「ぎゃ〜〜〜！」

「次、前に出ろ！」

このように、ウィーン学団（論理実証主義）は、次々と疑似科学を見つけ出しては、撃ち殺していった。

「ほほー、これは頼もしい。しばらく、ウィーン学団さんにまかせて、我々はお茶でもしてこよう」

ウィーン学団の厳格さに感心した科学者たちは、しばらく持ち場をあずけてみることにした。

が、しかし！

「そろそろ、疑似科学は、全部、始末できたかなっと……あれ!?」

科学者が、しばらくして戻ってみると、とんでもない事態になっていた。たくさんの理論で溢れかえっていた科学界は、すっかり空っぽになっており、そこにはウィーン学団しかいなかったのだ。

「あ、あの、……ウィーン学団さん、これはいったい？　疑似科学は始末したんですよね？　それで、ホンモノの科学はどこに？」

「あ……。え～と、……ホンモノの科学なんて１つもなかったよ。だから、全部、撃っちゃった……てへ」

こうして、戦いは終わった……。

論理実証主義のように、厳密に考えてしまえば、相対性理論だろうと、量子力学だろうと、ホンモノの科学（正しいと確実にいえる理論）には決してなりえず、「疑似科学の仲間」にすぎないのだ。

かくして、人類がその知性をかけて行なった「科学と疑似科学の境界を決める」という試みは、「この世界に、ホンモノの科学なんて存在しない！　あるのは擬似科学だけだ！」という、究極の結論に達した。

「科学と疑似科学のあいだに、境界線はない。ていうか、疑似科学しか存在しない！」

だから、「疑似科学？　そんなの信じているヤツって、バカだよなー」と言いながら、自分が学校でやってきた科学が擬似科学じゃないと思っている人がいたら、歴史を知らない、よい証拠。まったくもって恥ずかしいのだ。

論理実証主義の問題
科学理論は確実なものには絶対にならない

論理実証主義（ウィーン学団）に問題があったとすれば、それは、あまりに厳密にやりすぎたことにある。厳密に考えるなら、この世界に存在するどんな科学理論も、正当な理論にはなりえない。

では、何がダメで、正当な理論になりえなかったのか？

しちめんどくさい説明は省いて、非常に簡単に言ってしまえば、「いくら観察データ集めたって、すべての場合については何も言えない」ということにつきる。

たとえば、「黒いカラス」という観測データが、1億あろうと、100億あろうと、「すべてのカラスが黒い」ということの証明には絶対にならない。

だって、次の100億1匹目に、白いカラスが見つかるかもしれないじゃないか！　次に見つかるカラスが、絶対に黒いなんて保証なんかどこにもない！

ようするに、「1億羽のカラスは黒い」とは言えても、「すべてのカラスは黒い」とは決して言えないのだ。

さてさて。ここで問題になるのは、我々はどんなに観察を重ねても、「すべて」について何も断言できないにもかかわらず、科学理論とは「すべて」についての理論である、ということだ。

たとえば、「質量を持つ（すべての）物体のあいだには引力が働く」「（すべての）物体の運動は、ニュートン力学の方程式にしたがう」などの科学理論は、「一定の条件が揃えば、どの時刻でも、どの物質でも（つまり、すべての場合において）同じことが起きる」という法則を述べている。

これらの科学理論は、決して正しいと証明することはできない。だって、「すべて」について、我々は絶対に何も断言できないのだから。だって、「すべての場合」についてを確かめたわけじゃないんだから。

だから、たとえ、リンゴが落下するところを1億回、目撃しようとも、「すべてのリンゴが落下する」とは限らない。歴史的に「過去においてすべてのリンゴが落下した」からといって「未来において次のリンゴが必ず落下する保証」なんてどこにもない。したがって、今後、人間がどんな重力理論を作ろうとそれは決して確実なものにはならない。

こんなたとえ話がある。

あるニワトリ小屋で、飼育員が毎日、エサを決まった時間に同じ量だけを与えていた。飼育員は、非常に几帳面な性格だったらしく、何年間も正確に同じことをしていた。

さて、小屋の中のニワトリたちは、なぜ、毎日、同じ時間に同じ量のエサが放り込まれるのか、その原理や仕組みをまったく想像しようもなかった。が、とにかく、毎日、決まった時間に同じことが起きるのだ。いつしか、ニワトリたちは、それが「確実に起きること」だと認識し、物理法則として理論化しはじめた。そして、その確実な理論から、関連する法則を次々と導き出していき、重さや時間の単位も、エサの分配についての経済や政治の理論もすべて、毎日放り込まれるエサを基準にして行われた。

それは妥当なモノの考え方だ。

だって、それは「確実に起きること」「絶対的な物理法則」なのだから。

しかし、ある日、ヒネクレモノのニワトリがこう言った。

「でも、そんなの、明日も同じことが起きるとは限らないんじゃないの?」

そんなことを言うニワトリは、他のニワトリたちから袋叩きに
あう。

「ばぁーか、なに言ってんだよ。いいか？　この現象はな、こ
の世界ができてから、ずーっと続いているんだよ。何十代も前
のじいさんが書いた歴史書を読んでみろよ。それからな、この
現象をもとにして書かれた理論、学術論文をちゃんと読んでみ
ろよ。みんな、矛盾なく成り立っているだろ？　それに、実験
による確認だって、きちんとされているんだよ！　それを何の
根拠もなく疑うなんてな。そういう無知から、擬似科学やオカ
ルトが始まるんだ。おまえは、もっと勉強したほうがいいぞ」

しかし、ある日、不況のあおりをうけ長年働いた飼育員がリス
トラとなり、ニワトリへのエサやりは、ズボラなアルバイトの
役目となった。

次の日、ニワトリたちが、何十代もかけて構築した科学のすべ
ては吹っ飛んだ。

まったく同じ話である。

無限に広がる大宇宙において、地球というちっぽけな辺境で、
歴史という瞬きにも満たない時間で、人間の観察によって築き
上げられた科学理論が、ある日、「あら、嘘だったのねー」と

いうことにならない保証なんかどこにもない。長年、確実に正しいと信じられていたニュートン力学が「ごめーん、かんちがーい、見当違いでしたー」だったみたいに、今ボクらの持っている科学理論がすべてどーしようもない勘違いである可能性だってあるのだ。

つまるところ、どんなに実験と観察を繰り返し、検証を進めようと、科学理論は決して確実なものには原理的にならないのだ。

反証主義
人間が、せいぜいできるのは反証することだけなんだ

「反証可能なリスクを負うものが科学である」——ポパー

論理実証主義が、本当に厳密に考えた結果、どんな科学理論でも「根拠のない飛躍」が含まれていることがわかってしまった。「人間はどうがんばっても、確実に正しい科学理論というものを作り出せない」というショッキングな結論に、科学界は、再び闇に閉ざされた。

だが！

そこに、カール・ポパーが現れ、「反証主義」という新しい科学思想を提示し、科学界に一筋の光を投げ込んだ。

反証とは、簡単に言うと、観察や実験を行なって「おら、間違っているじゃねえか！」と「証拠」を突きつけることである。

この、「反証」というのは非常に簡単である。

たとえば、がんばって苦労して、「黒いカラス」をどんなにた

くさん集めても、「すべてのカラスは黒い」という理論を証明できないことは述べたが、逆に、「白いカラス」を1羽でも見つけてしまえば、「すべてのカラスは黒い」という理論が「間違っている！」と確実に言うことができる。たった1回の観察でよいのだ。

そう。反証は簡単で、しかも、確実なのである。

ここから、ポパーは、観察による理論の証明について以下のように考えた。

・人間が、観察によって、科学理論の正当性を証明することは原理的に不可能である。
・観察によってできることは、ある理論が誤りであることを証明（反証）することだけである。

ようするに、人間が、理論について確実なことが言えるのは、「間違っているぞ」と否定するときだけだという話だ。

とはいえ、ポパーは、だからといって「科学理論は反証によって作られるべきだ」と考えたわけじゃない（それはあまり現実的ではない。だって、反証だけで理論体系を作ろうとしたら、「少なくとも、○○は××ではない」という否定文の理論が大量にできるだけだろう）。

そうではなく、ポパーが冴えていたのは、
「理論というものは、反証による検証でしか正否（白黒）を決められないのだから、正統な科学理論が満たすべき基準とは、反証による検証がきちんと行えることである」
と考えたところにある。

たとえば、「この世界は神様が作った」という理論は、そもそも反証しようがない。どんな反証や批判をしようとも、「だって、神様がそうしたんだも～ん」と言ってしまえば、いくらでも言い逃れができるからだ。

このような「観察や実験によって、反証できない理論」や「いくらでも言い訳が成り立つ理論」は、「反証可能性を持たない理論」と呼ばれるが、「こういう理論は、反証による検証ができないので、科学ではないぞ！」とポパーは考えたのである。

この反証可能性とは、言葉のとおり、「反証されちゃうかもしれない可能性」のことであるが、ポパーは、
「反証可能性を持つものが科学であり、逆に、反証可能性を持たないものはウソ科学である」
とはっきり定義したのである。

ようするに、
「いつか、観察や実験などの検証により反証される可能性のある理論――間違っていたら間違っていると確認できる理論――」

243

は、
「反証しようもない理論──間違っていても、間違っていると
確認できない理論──」
よりは偉いというわけで、前者を「科学」、後者を「科学でな
いもの」と分けましょうと提案したのである。

これは、なかなか説得力のある妥当な「科学/擬似科学」の分
け方のように見える。このポパーの科学思想「反証主義」は、
拍手喝采で、科学界に受け入れられ、ようやく人類は、「科学
と擬似科学を分ける境界線」を発見したのである。

だが、結局のところ、ポパーの科学思想は、ぶっちゃけ、ただ
の妥協案であることは明らかだ。反証可能性さえ持っていれば、
科学の仲間だとしてしまうのだから、かなりのトンデモ理論が
科学の仲間として生き残ることができる。

結局、その程度の分け方しかできなかったのだ。

つまるところ、「科学とは、今のところまだ反証されていない
仮説にすぎない」という敗北宣言でもある。

ところで、一般に「科学」と言えば、「明らかに正しいもの」「間
違っていないと確認されたもの」というイメージを持ちがちで
あるが、実はそうではないのだ。面白いことに、「科学」であ
ることの前提条件とは、「間違っていると指摘されるリスクを

背負っているかどうか」なのである。

ちなみに、小、中、高と、学校で習っている科学は、「とっくの昔に反証されちゃっている間違ったものばっかり」である（だから、古典科学と分類される）。

というわけで、理工系の大学に入るために、寝ないで死ぬほど勉強して、やっと合格しても、教授から、「ごめーん、今までの勉強って、みんな、反証済みの仮説で昔の人の思い込みで実は正しくないの。全部忘れてね、てへ」とか言われて、最初からやり直しになるけど、みんな、がんばって勉強しよう!!

反証主義の問題
人間は、反証すら確実に行うことはできない

「人間は、観察によって、科学理論が正しいことを証明することは不可能だけど、間違っているぞと証明するのは簡単にできるんだよね」という反証主義の思想に基づき、やっと人類は「反証可能性」という「科学とウソ科学を判別するための妥協案」を手に入れることができた

……かに見えた。

しばらくすると、この反証主義にも問題があることがわかってきたのである。

たとえば、「すべてのカラスは黒い」という理論は、「白いカラス」をたった1回観察するだけで、間違っていると反証することができるというのが反証主義の主張であったわけだが、実際のところ、科学理論は、そんな単純なものではない。

「科学理論とは、たくさんの前提条件のもとで、成り立っている」わけだから、理論と異なる結果が観察されたからといって、単純に反証などできないのである。

これについて、例をあげて、わかりやすく説明してみよう。たとえばだ。ボクが、ビリヤード台とボールを用意して、「ボールを使った運動の実験」をやったとする。当然、ボールは、現代科学の理論に基づいて、その法則どおりに運動するはずだ。そうに決まっている！　ボールが、科学理論の法則以外の動きをするはずはない！

だが、ここで、もし、ボクが「触れもしないのに、ボールが勝手に坂道を駆け上がった」という現代科学理論とまったく反する結果を観察したとしよう。ボールが、現代科学理論と異なる動きをしたのだから、これは明らかな「現代科学理論についての反証」であり、「現代科学理論が間違っている」と確実に言えるはずである（反証は確実なことなのだから）。

どうやら、世界中の科学の教科書は、ボクの実験によって書き換わることになりそうだ。

「現代科学の○○理論は間違っていた!!　ノーベル賞はワシのもんじゃ〜〜〜!!」と嬉々として叫んだとする。

はたして、科学界のみなさんは、ボクの報告を受け入れてくれるだろうか？　そんなわけがない！　きっと彼らは、こう述べるだけだろう。

「それは、実験における前提条件のどれかが満たされていなかっただけでしょ」と。

実は、どんな科学理論でも（それが単純なボールの運動の理論でも）、たくさんの前提条件の上で成り立っている。

たとえば、前提A「ボールがベタベタしていない」とか、前提B「実験室そのものが傾いていない」などなど。科学の実験には、前提条件が数え切れないくらいたくさんあるのだ。だから、仮に、科学理論と異なる実験結果が見つかったからといって、その科学理論が間違っているとはかぎらない。前提条件のうち、どれかが満たされていないだけかもしれないのだ（ボールの実験の場合、実験室が傾いていれば、前提が満たされていないので、ボールが坂道を駆け上がっても、既存の理論が間違っていたとは言えないのだ）。

そして、このことの最大の問題は、「**実験を行なって、理論と異なる結果が得られたからといって、理論が間違っているのか？　たくさんある前提条件のうち、どれかが満たされていないだけなのか？　まったく区別がつかない**」ということだ。

だから、理論と異なった結果が観察されたとしても、「前提条件が間違っていたんじゃないの〜？」と言い張れば、いくらでも言い訳ができてしまい、そもそも反証なんてできないのだ。

というわけで、
「観察によって、ある理論を間違っているということは、誰にも有無を言わさず確実にできる」
という反証主義の主張は、ウソぱっちなのである。

人類にとって、反証すら確かな検証方法ではない。我々は、間違っている理論を間違っていると言うことすら確実にはできないのだ。

ところで、科学の実験は、いつ誰がやっても、同じ結果になると思いがちだが、実際のところ、科学の実験はやるたびに違う結果になることが多い（大学や研究所で、科学の実験をしたことがある人ならわかると思う）。

特に、学生は、実験の前提条件や手順を間違ってしまい、失敗してしまうなんてことがよくある。そして、それに気づかずに、「え〜？　え〜？」と悩みだし、実験はなかなか進まず、果ては、既存の理論のほうを疑いはじめるなんてこともよくある。

だから、教授たちは、学生の実験をそれほど信用していない。もし、学生が、実験を行なって大発見をしても、既存の理論と合っていないならば、「おまえのやり方がわるいんだ！」という感じで取り合ってもくれないのだ（大学や研究所で、科学の実験をしたことがある人ならわかると思う）。

249

つまるところ、既存の科学理論の誤りを指摘する人は、厳しい非難と疑惑の目に耐える必要があり、反証とはそんなにたやすいものではないのである。

（後日談）
その後、反証主義の問題を把握したボクは、きちんと前提条件を確認して、ボールの運動理論の反証となる実験結果を科学界に提示してみた。

しかし、それでもやっぱり、科学界は、ボクの実験結果を受け入れてくれなかった。

「だから〜！　ちゃんと、すべての前提条件を確認しましたってば！」
「いやいや、残念ながら、１つだけ満たされていない前提条件が残っているよ」
「え？　それはなに？」
「それは、この実験を行なった人が正常（まとも）である、という前提だよ！」

「○○理論が間違っていた！」というサイトはネット上にはたくさんあるが、どんな実験をしようが、どうしたって認められることはない。だって、上記の前提条件をクリアしていないと言われるだけだから。

ポパーの決断
疑いを止める地点を〈決断〉しなくてはならない

人類にとって、反証すら確かな検証方法ではなかった。

ある人が実験を行い、ある理論に反する結果が得られたとしても、その実験の前提条件が満たされていないだけかもしれないから、その理論が間違っているのかどうか知ることはできない。

そうすると、「じゃあ、ちゃんと前提条件を確かめて実験すればいいじゃないのさ！」と思うかもしれない。

でもだ。たとえば、「ある実験Aが正しく実行された」と述べるためには、「その実験で使っている装置が壊れていないこと」という前提条件が必須だったとする（具体的に言えば、「室温を測る実験で、温度計が壊れていないことが前提条件だ」という当たり前の話だ）。

で、「装置が壊れていないこと」を確かめるため、別の実験Bを行うわけだが、その前に「そもそも実験Bが正しく行われているか？」がやっぱり問題になってしまう（だって、「温度計が正常かどうかを調べる装置」が壊れていたら、話にならない

251

でしょ)。

そうすると、「実験Bの前提」を確認するため、実験Cが必要となり、同様に、「実験Cの前提」を確認するための実験Dが……。

実験A←実験B←実験C←実験D←……（以下無限）

結局、「前提を確認するための実験」が無限に続いてしまい、我々は、「OK！　前提条件をすべて確認しました！　完璧です！」という地点には絶対にたどり着けないのである。

だから、つまるところ、人間は、どんな実験、観察をしようとも、「そもそも、その実験の前提条件が間違っているかもしれない」し、「その前提条件を確かめたと言える方法は原理的に存在しない」のだから、最初から、反証なんてできないのだ。

つまり、言ってしまえば、すべての科学理論は「反証不可能」な擬似科学なのである。

もしかしたら「そんなことないだろ！　じゃあ、リンゴが地面に落ちたという単純な実験事実までも間違っているというのか！」と声を荒げる人もいるかもしれない。

いやいや、「そんなのおまえの目（観察装置）や、おまえの脳（解

252　4章　科学哲学史とか

釈装置）が、正常に動作していればの話だろ？　じゃあ、それ
が正しいという証明してみろよ。いますぐ。ほらほら」と言う
ことだってできるし、「夢でも見たんじゃないの？」と言われ
れば、それでオシマイなのである。

ポパーが賢かったのは、このような問題点にちゃんと気づいて
いたところだった。

ポパーは、
「結局、このような疑いを乗り越えて、何らかの科学理論を構
築するためには、どこかで疑いを止める地点を＜決断＞しなく
てはならない」
と述べた。

「人間は、原理的に、どの観察や理論が正しいかを知ることは
できないのだ。だから、人間は、どこかで疑いを止めなくては
ならない。どこかで『この観察・理論は絶対に正しい！』とい
う＜決断＞をしなくてはならない。そういう＜決断＞にもとづ
いて、理論を構築していかなくてはならない」

つまり、科学理論とは、
「うるせぇんだよ！　とにかくこれは絶対に正しいんだよ！」
という人間の＜決断＞によって成り立っており、そのような思
い込みによってしか成り立たないのだ。

253

そして、それは、すべての理論体系（哲学、倫理、宗教）について、当てはまることである。

5章

もっと哲学的な何か

「ココロ」っていったいなんだろう？
なぜ、ボクの「ココロ」は、
殴られたら「痛い」と感じる体の中に閉じ込められてるの？
いちばん身近で、いちばんフシギな「ココロ」の問題へようこそ！

人工知能の心
他人のココロの存在など確かめられない

人工知能で、「ココロ」を作り出すことができるだろうか?

その問いの答えの前に、はっきりさせておこう。

この世には、そもそも「他人のココロの存在を確かめる術なんかない」

でも、もしかしたら、「え? こうしてボクと話をしているあの人は、ココロを持っているでしょ!?」と思うかもしれない。

いやいや、それでも、その人が、ただの精巧なロボットであり、何も感じないブリキの機械と同じような有機物で作られた自動人形かもしれないという疑念は消えないのである。ためしに、その人の脳を取り出して、解剖してみたとしても、そこから「ココロ」の存在を確かめることはできない。むしろ、「なんだ、やっぱり精巧にできたロボットじゃん♪」という確信が深まるばかりだ。

もしかしたら、

「自分にはココロがある。だったら、同じ人間で、同じ構造を持っている他人にもココロがあるのではないか!?」
と思うかもしれない。

しかし、それでも、この世界には自分が「独り」だけであり、他人はすべて精巧なロボット（もしくは自分独りの夢）ではないかという疑念はやっぱり消えないのである。

この「他人が、自分と同じようなココロを持っているかどうかを原理的に確かめることができない」という問題は、人間だけではなく、犬でも石でもロボットでも宇宙人でも変わらない。

だから、ようするに、人類が未来に、どんなに高度な人工生命、人工知能を作ろうと「ココロ」があるかどうかなんてことは、原理的にわからない、確かめようがないということである。

「人工知能でココロを作り出せるか？」

そんな議論自体が、ナンセンスなのである。

チューリングテスト
知能があるかどうかは、個人個人が決めるしかない

人工知能とは、「知能のある機械」のことである。だが、「知能」とはいったいなんだろうか？

1950年、数学者チューリングは、「その機械（コンピュータ）に知能があるか？」を判断するための試験方法を考案した。

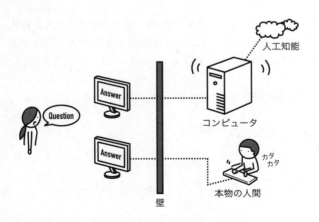

まず、2台のディスプレイを用意する。

テストする人は、その2台のディスプレイに向かって、質問を
投げかける。「元気ですか？」とか「今日は、暑いよねぇ～？」
とか。

1台のディスプレイは、人工知能コンピュータにつながってお
り、それが受け答えをする。「はい、元気ですよ」とか「やっ
と夏らしくなってきましたよね」とか。

もう1台のディスプレイは、本物の人間につながっており、そ
の人がキーボードで、文字を打ち込んで、質問の答えを返す。
「元気ハナマルだにゃ」とか「あぅ～、暑いのにゃ～」とか。

もちろん、テストする人は、どっちのディスプレイが、人間に
つながっているのか、わからない状態なので、いろいろな質問
をし、両方の「知能」を試す。

たとえば、アニメの感想を聞いてみたり、好きな声優について
論じてみたり……と。

こうした質問の結果、テストする人が、最後まで、どちらが人
間なのかわからなければ、そのコンピュータは合格である。
「そのコンピュータには知能がある！」と言えるのだ。

この試験方法をチューリングテストと呼ぶ。

このようなテストに合格した人工知能コンピュータは、「知能
がある」と言ってもいいのだ、とチューリングは提唱する。

しかし、とはいうものの……このチューリングテストでは、
「コンピュータは人間を真似ることによって、人間をダマして
いる」
というだけであり、つまるところ、「知能」というものの本質
から外れているのではないか？　という批判は当然ある。

「知能のある／なし」の判断に、こんな浅薄な方法でいいのか？
という当然の疑問だ。

だが、チューリングテストは、そう簡単に「浅薄」だと片づけ
られるようなものではない。「知能」について、別の本質を突
いているのも事実だ。

それは、
「そいつに知能があるかどうかは、結局のところ、個人個人が
決めるしかない」
ということだ。

逆に言えば、
「その人にとって、『知能を持った存在』だと思えるなら、もう
それでいいじゃん」

260　5章　もっと哲学的な何か

ってことだ。

そもそも、人間の脳を、どんなに解剖しても、知能もココロも取り出すことはできない。

やっぱり、人間も、受け答えの反応から、「あ、こいつには知能があるね」と判断して、初めて、「知能」というものを認識するしかない（だから、逆に言うと、誰かと話していて「こいつには知能がない」と思うならば、本当にそいつには「知能がない」と考えてもいいことになる。そして、実際、ボクらはそれをやっている。相手が本物の人間だろうと。さっきのチューリングテストの例で、人間のほうに対して「知能がない」と判断した人もいるだろう）。

ぶっちゃけて言うと、「知能があるか？」なんて、そもそも証明できない。だから、「知能があるか？」を決めるのは、「人間の主観による思い込み」でしかできないのだ。

その意味で、チューリングテストは、「コンピュータに知能があるかを調べる方法」として、ある面において、非常に的を射ている。

そもそも、ある対象に対して「知能があるかないか？」なんて、本当のところは絶対にわからない。だから、コンピュータとしては、「知能があると認めてもらう」ためには、つまるところ、

「知能があるように演じる」しかない。

それは、人間だって同じことだ。

実際に知能があろうとなかろうと、知能があることを他人に見せなければ、知能がないと断定されてしまう。「本当に知能があること」と「知能があると認めてもらうこと」は別なのだ。

だから、人間もコンピュータも演じるしかない。

本当は怒っていても、笑っているように演じるしかないように。知能があろうとなかろうと、知能があるように演じるしかないのだ。

天才チューリングは、ホモセクシャルだった。

社会に対して、正常な「男性」を演じつづけなければいけなかった彼にとって、その一生は、まさにチューリングテストだったと言えるだろう。

思考実験①——双子のクローン赤ちゃん
実現できない思考実験なんか妄想にすぎない?

人間の脳は、ただの機械にすぎないのだろうか?
10分後、自分が何をするか、それはもう決定されていること
なのだろうか?
人間は、自由意志を持っていないのだろうか?

この疑問を解くため、こんな思考実験がよく引き合いにだされ
る。

クローンの双子の赤ちゃんを作り出し、それぞれの赤ちゃんを
まったく同じ環境の部屋に入れて、まったく同じ刺激を与えた
とする。すると、どうなるだろうか?

もし、脳が単なる機械にすぎないのだとしたら、物質構造とし
て、まったく同じ脳を持つ2人の赤ちゃんは、寸分たがわず、
まったく同じ行動をするに違いない。

しかし、同じ脳のはずなのに、もし違う行動をしたとすれば、
2人の赤ちゃんには、それぞれ違う「意志、ココロ」があると
いうことの証明になるはずだ。

という思考実験である。

この実験を実際にやってみると、どうなるだろうか？

答えは簡単である。

「人間は、完全に同じ環境を作り出すことはできない。だから、実験できません」

以上だ。

いや、ほんとに終了。
これ以上話す余地もなく、これでオシマイ。

そもそも、クローンだろうが、どんな技術だろうが、赤ちゃんの「脳」や「部屋の空気」を原子レベルでまったく同じ状態にすることは不可能だ。仮に、強引にやったとしても、カオス理論にしたがえば、「2人の赤ちゃんのあいだで、わずかでも環境（の初期状態）が違えば、まったく異なる結果になってしまうわけだから、2人の赤ちゃんに行動の違いが見られたとしても、決して「自由意志」の存在を証明したことにはならない。

結局、このような思考実験について言えることは、
「実験できないのだから、その実験がどうなるか……それにつ

いて、何も言うことはできません！」
ということだけである。

もしかしたら、この思考実験について、
「いや、だから、仮に、そういう状況が作り出せたと仮定した
としての話だよ！」
と突っ張る人がいるかもしれない。

そして、
「人間の脳は、物質でできているのだから、当然、物理法則に
したがって動いているだろ。だから、物質的に完全に同じ脳を
再現してやれば、まったく同じ行動をするに決まっているじゃ
ないか!?　それとも、人間の脳が、物理法則に反して、動く
とでも言うのかよ!?」
と突っ張るかもしれない。

そう思う人は、2重スリット実験を思い出してほしい。2つの
穴が開いた壁に向かって、原子を一粒飛ばす実験だ。古典的な
科学理論を使えば、こんなものは、実験するまでもなく、結果
なんて予測できるものだ。

だが、現実は違った。実際にやってみたら、既存の科学理論を
まっこうから否定する結果になったのだ。こういうこともあり
うる。

だから、何事も実験してみないとわからない。

ましてや、実験できないものについて、どんな理論も適用することはできないし、「現実に実行できない思考実験」を仮定して、「こうなるはずでしょ！」と主張することなんかできないのだ。

では、思考実験は空しくて、何の価値もないのだろうか？

いや、そんなことはない。これらの思考実験は、「その実験の結果を自分がどう予測するか」によって、「自分がどんな公理（前提、思い込み）を持っているか」を知ることができる。

クオリア①
赤はなぜ「赤い」のか？　科学における最大の難問

クオリアは、科学における最大の難問である。

クオリアとは、「主観的体験が伴う質感」のことである。

もっと簡単に言うと、赤い花を見たときの「赤い」という質感のことである。

もっともっと簡単に言うと、今まさに、ボクらの眼に映っている「赤」のことだ。

もっともっともっと簡単に言うと、ようするに、

　←　これ

今まさに、ボクらの眼に映っている「この色」のことだ。

「赤いもの」が「この色」で見えるのは、あまりに当たり前のことなので、ふだんは疑問にも思わないが、そもそも、この色(赤という質感、クオリア) は、いったい、どんな仕組みで、どこ

からやってきたのだろうか？

もちろん、ボクの目に「ある周波数の光」が入ると、「この色」が見えるわけだが、別に「他の色（たとえば、青色とか黄色）」で見えていても、よかったはずである。それなのに、現実としてボクは、「この色」で見ている。じゃあ、「この色」でなければいけなかった理由・原因はいったいなんなのだろう？　よくよく考えてみると、まったく不可思議なことではないだろうか？

この疑問について、現代科学は、まったく何もわかっていない状態である……。

しかし、このクオリアについて、一番厄介な本当の問題は、今後、科学がどんなに進歩しようとも、この謎を解き明かす見込みはまったくない、不可能であるということだ。

というのは、そもそも、脳を解剖して、その動きをどんなに調べようが、「赤い」という「質感（クオリア）」を取り出すことも、なぜそういうものが起きているのか説明することも、決してできないからである。

たとえば、ボクの頭に電極が刺されていて、それにより脳が刺激された結果、ボクが赤いものを見たとする。すかさず、脳科学者は「あ、今、キミの脳内で、これこれこういう化学反応が

起きているよ」と説明するかもしれないが、それは決して、「まさに今ボクが感じているこの色」の起源、仕組みを説明したことにはならない。

これはようするに、今後、人間の科学技術が進んで、「脳を原子レベルで全部調べてその動きを完全に解明できた」としても、やっぱり「『この私』に生じている『この赤』はいったいどこからどういう仕組みで起きたのか？」を説明することができない、ということであり、「物質を追いかけてその動きの法則性を調べる」という現代科学的なやり方では、「我々の意識の上に起きている『この質感』の起源を原理的に決して解明することができない」ということだ。

この「クオリアの起源」という問題は、1990年頃、哲学者デイヴィッド・チャーマーズにより提起され、「人間の意識なんて、脳という機械の産物であり、この機械の仕組みを解明すれば、人間の意識の起源も解き明かされる」と楽観的に考えていた脳科学者、物質主義者たちに、大きな衝撃を与えた。

クオリア②
他人が、自分と同じものを感じているとは限らない

たとえば、ボクが、赤い色のバラを見て指さす。みんなが「赤色」と答えたとする。このとき、ボクを含めた全員が、「赤という質感（クオリア）を感じている」ということになるが、ボクが感じている「赤色のクオリア」が、みんなと同じであるかどうかは、確かめようがない。

だって、どんな言葉、シンボル、比喩を使おうと、ボクが見ている「この色」がどんなものなのかを、他人に伝えることなど不可能だし、「他人が見ている色」を取り出して、「自分が見ているこの色」と比較することもできない。比較ができないのだから、「同じ色（クオリア）を見ている」なんて言えるはずがない。

だから、もしかしたら、ボクが、「赤色」で見ているバラを、自分以外のみんなは「（ボクにとっての）青色」で見ているかもしれないのだ。

つまり、みんなは「（ボクにとっての）青色」を見ながら、それを「赤色」だと呼んでいることになるが、本当の問題は、仮にそうだったとしても、そういう違いが起きていることが、み

270　5章　もっと哲学的な何か

んなにもボクにも、絶対にわからないということだ。

「今見ている色って、夕日の色と同じだよね」と説明しても無駄だ。みんなは夕日を（ボクでいうところの）「青色」で見ていて、目の前のバラも、その色で見ているのだから「うん。そうだね。夕日と同じ色だ」となるだけなのだ。

つまるところ、赤という「言葉の定義」が同じであるならば、会話が成立してしまうため、質感（クオリア）の内容が変わっていても、その違いは決して表面化しない。

この問題は、色の話だけではない。「音」「味」「痛み」「恐怖」「悲しさ」「嬉しさ」など、我々が感じるいっさいの質感（クオリア）について、それが言える。

ようするに、会話が通じてるからといって、両者が同じものを感じているとは限らないのだ。

クオリア③
現代科学で、クオリアの謎が解ける可能性はない

巨大なビリヤード台と、その上で転がるたくさんのボールを想像してみてほしい。

台の上で、ボールは転がりつづける。すべてのボールは、力学という絶対の法則にしたがって動いており、決して物理法則から外れた動きをすることはない。ときたま、他のボールと衝突することもあるが、そのときも力学の法則にしたがって、規則正しく機械的に跳ね返るだけである。

宇宙が、こういうボール（原子）とその運動でできていると、考えてみてほしい。たくさんのボール（原子）が、一定の法則にしたがって、永久に運動する世界だ。

このボールが、何億個、何兆個とあれば、その運動は果てしなく複雑化していき、ビリヤード台の上には、考えられないような不思議な模様が現れたりする。そして、その模様は、まるで意志を持つ生物のように見えたりすることもあるだろう。

さて、悠久の時の中、たまたま、偶然に、そのボールの集まり

272 5章 もっと哲学的な何か

が「人間の形」になったとする。その「人間の形」をしたもの
が、手を動かしたり、表情を変えたりと、さまざまなドラマを
見せたとする。

だが実際には、その「人間の形」をしたものに、意志がないの
は自明である。だって、「人間の形」をしたものは、結局のところ、
物理法則に支配された機械的なボールの集まりにすぎないのだ
から。

「人間の形」をしたものが、「右手を上げた！　これは俺様の自
由意志だ！」と叫んだとしても、「意志なんてない。単に、機
械的に動いた結果である」と解釈するのが妥当なところだ。

「なぜキミが右手を上げたか？　そこに『意志』なんて妄想を
持ち込む必要なんかない。そんなことは、ボールの運動で説明
できる。すべては物理法則にしたがって、機械的に起こったこ
となんだ。たしかに、すべてのボールがどう動いているかを知
ることは難しいが、究極的には『キミ』が『物理法則にしたが
うボールの集まり』である以上、『キミという人間が機械的な
存在にすぎない』ということは自明なことなのだ」

その考え方は正しいように思える。

だがしかし、よく考えてみてほしい。仮に、すべてのボールの
動きを説明する科学理論があったとして、「人間」のすべての

273

行動について、完璧な説明を行うことができたとしても、それでもなお残る疑問がある。

それは、
「今、現実に『この私』が感じている『この赤』がどこから来たのか説明がつかない」
ということだ。

結局のところ、機械的に動くボールの集まりが、どんなに複雑化したところで、「今、現実に起こっている『この主観的な体験』」を生み出すなんてことはありえない。だから、そのボールたちの動きを理論立てて追求したところで、クオリアの問題については、なに1つ解答は得られないのだ。

ところで、これまでの話は、「世界をボール（原子）の集まり」という古典的で単純な世界観で説明してきたが、もちろん、最新の科学理論では、もう少し世界は複雑にできている。だが、この話は、超ひも理論でも、量子論でも、どんな最新科学理論でも原理的に同じなのだ。というのは、結局のところ、どの科学理論でも本質的には、「世界は、物質Xの集まりでできています。そして、物質Xは、法則Yにしたがって、運動（変化）します」ということを述べているにすぎないからだ。つまり、理論の種類によって、物質Xが「原子」だったり、「量子」だったり、「ひも」だったり、法則Yがより複雑な数式だったりと……そういう違いがあるだけなのだ。

274　5章　もっと哲学的な何か

だから、

「ボールの集合という考え方では、『なぜクオリアが発生しているのか？』を説明することができない」

ということは、どんな科学理論にも適用できてしまうし、今後、科学がどんなに発展しようとも、同じ仕組みである限り、クオリアの問題を解決することはできない。

これが、クオリアが科学に突きつけている問題の本質である。

思考実験②——どこでもドア
「どこでもドア」から出てきた自分は本当に「自分」？

ある未来の話のこと。

ついに、人類は、永年の夢であった「ドラえもん」を開発することに成功した！

そして、同時に「出してほしい道具ランキング」で常に上位であった「どこでもドア」も開発された。

しかし、この「どこでもドア」。原作のように、念じた場所に自由に行けるような都合のよいものは、さすがに作れず、事前に、町中に設置されている、別の「どこでもドア」に瞬時に移動できるというものであった。

まぁ、ようするに、「あらかじめ、決まっている場所」にしかいけないのだが、それでも、遠くの場所に瞬時に移動することができるわけで、十分「どこでもドア」を再現することに成功したと言える。

ともかく、こうして「通勤、通学、買い物、旅行」などの移動

時間は大幅に短縮され、人類の生活はさらに快適なものになっていった。

そんな、ある未来の話のこと。

のび太「うわぁあぁぁぁぁあわあぁぁああ!! 寝坊だぁ〜〜!! どうしよ〜、どうしよ〜、遅刻しちゃうよ〜〜〜!! あっ! そうだ! ウチには、ドラえもんがいたじゃないか!! ドラえもん! 道具出してよ!」

ドラえもん「まったぁ〜く〜、の〜び〜太く〜ん、きみってやつわぁ〜、いっつも〜、いっつも〜」

のび太「前置きは、いいから早くしてよ!!」

ぴかぴか〜〜〜!!

ドラえもん「どこでもドア〜〜〜!!」

のび太「ありがとう、ドラえも〜〜ん!」

──というわけで、ボクは、さっそく、どこでもドアをくぐり、学校へ移動しようとした。が、そのとき、ボクの体に、悪寒が走った。何か、とりかえしのつかないことをしてしまうような……そんな悪寒。

277

のび太「あ、あの……ドラえもん、ちょっと、聞くけどさ、このどこでもドアって、どんな仕組みなの?」

——ドラえもんはこう説明した。

今、自分の部屋にある「どこでもドア」をAとし、移動先の学校にある「どこでもドア」をXとする。まず、「どこでもドアA」を通り抜けた人間は、その体を分子レベルでスキャンされ、その「分子構造」の情報が、移動先の「どこでもドアX」へと転送される。そして、「どこでもドアX」のほうで、転送された情報をもとに、一瞬にして、その「分子構造」を再現する。

ドラえもん「つまり、ドアXでは、キミの肉体が再現されるというわけなんだよ」

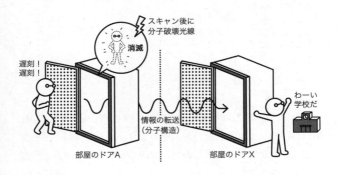

278　5章　もっと哲学的な何か

のび太「あれ？　じゃあ、このドアＡを通り抜けたボクは、どうなるの？」

ドラえもん「分子破壊光線で、コナゴナ。一瞬にして、消え去るよ」

のび太「ええぇ!?　ちょ、ちょっと待ってよ、それって、ボクが死ぬってことじゃないの？」

ドラえもん「違うよ、向こうのドアＸでは、キミがちゃんと生きていて、学校で授業を受けるんだ」

のび太「いや、それは違うでしょ！　だって、『このボク』のこの体が消えるんだよ！」

ドラえもん「でも、体も脳も記憶も同じキミ——つまり、肉体的にも心理的にも同じキミ——が向こうに現れるわけだから、キミは消えないよ」

のび太「いやでも、ドアＸから出てきたボクが、本当にボクだっていう保証なんかないでしょ！　前回の【思考実験①】(p.263)によれば、『ボクの体と、完璧に同じ分子構造のもう１つの体』なんか原理的に再現できないっていうじゃないか！　だから、ドアＸで再現されるのび太は、『このボク』と完全に同一じゃなく、あくまで『のび太に似ているだけの他人』なんだ！」

279

ドラえもん「いやいや、のび太くん、それはまったく違うよ。まず、『のび太である、つまり、キミであること』について言えば、キミの肉体をまったく完璧に再現する必要なんてないんだよ。それどころか、『完璧に再現する必要がある』と言ってしまえば、キミにとって好ましくない結論になるよ」

のび太「ど、どういうこと?」

ドラえもん「もし、キミが『完璧に同じ分子構造の肉体でなければ、自分とは言えない』と主張するんだったら、『この一瞬だけが自分であり、次の瞬間は自分ではない、まったく違う他人である』という主張も同時に受け入れなくてはならなくなるよ。だって、『次の瞬間のキミの体』は、『今のキミの体』とは、まったく異なった分子の配置になっているんだから。もっとも、もしキミが、『次の瞬間には自分が消えて他人になっている』という主張を受け入れるっていうなら、そもそも、『どこでもドアを使うと、自分が消える』というキミの心配が、瞬間瞬間、起こっているわけだから、『どこでもドアを使いたくない理由』なんか、どこにもなくなるけどね。——で、本当に、そう思うの?」

のび太「次の瞬間のボクは、もう同じボクじゃない……? いやいやいや、それは違うと思うよ。次の瞬間のボクが、違う他人であるはずなんてないよ。ボクは、ずっとボクだよ。寝る前のボクも、起きたあとのボクも、『同じボク』だよ」

ドラえもん「うふふふふ〜。やっぱり、そう思うよね〜。そうすると、のび太くんは、寝る前の『10時間前のキミ』も『今のキミ』も『同じ自分』だと思っているわけだよね。でも、『10時間前のキミ』って、『今のキミの分子構造とは、微妙に違う肉体を持つキミ』なんだけど……、それでも『同じキミ』だって言うんだよね〜?」

のび太「う、うん」

ドラえもん「だとすると、やっぱり、『キミであること』について、今のキミとまったく同じ肉体を再現する必要なんかないことになる。多少の違いはあっても、肉体的、心理的に『のび太』であるならば、それは『のび太』、つまり『自分』であると認めなくてはならないと思うよ。少なくとも、これから『ドアXで再現されるのび太』は、『1時間後ののび太』よりは、確実に『今ののび太』のほうに近いんだ。それを『自分じゃない』と言える根拠なんかないし、もし『自分じゃない』と言い張るなら、『1時間前のキミ、1時間後のキミは、今のキミとは違う他人だ』ということを認めなくてはならない。どちらにしろ、どこでもドアを使いたくない理由にはならないよ!　のび太くん!」

のび太「でも、でも……向こうのドアから出てくるのび太は、ボクとは違うココロを持っていると思う」

ドラえもん「ココロ?」

281

ドラえもんは、まるで意味不明の呪文でも聞いたかのように、しばらく動きを止めたあと、突然、異常なほどの大声で笑い出し、腹を抱えて転げまわった。

ドラえもん「キミは常々、『人工知能であるドラえもんにココロがあるかどうかなんて誰にもわからない。そして、人間にだって、ココロがあるかどうかも、原理的に絶対に、誰にもわからない。だから、ココロを持っているかどうかを問いかけるのは、ナンセンスなことだ』と言っていたじゃないか。そして、『でも、自分にとっては、ドラえもんも、しずかちゃんも、ココロがあるように見えるんだから、それで充分だよ』とチューリング的な立場で、『ココロ』というものを捉えていたじゃないか。だったら、安心しなよ。少なくとも、ドアＸから出てきた『のび太』のことを、しずかちゃんもママもパパも、『のび太のココロを持った存在』として、相変わらず認識してくれるよ。だって、そう見えるんだしさ」

のび太「いや、違う！　それでも、そいつは、ボクとは『違うココロ』の人間なんだ！」

ドラえもん「どうしてだい？　だって、他人からすれば『ドアＡをくぐるのび太』も『ドアＸから現れたのび太』も、まったく同じで、見分けはつかない。どちらも『同じココロ』を持った人間にしか見えないんだよ！」

282　5章　もっと哲学的な何か

のび太「違う、違うよ！　ドラえもん！　絶対に、違う！　確かに、『他人にとって、ボクのココロ』は、そういうものかもしれない。でも、『このボクにとって、ボクのココロ』は、そういうものじゃない！　向こうのドアから現れたのび太のことを、世界中の人が『ボクだ』と言ったとしても、そいつは、決して『このボク』じゃない!!　『ほんとうのボク』のココロを持った人間じゃないんだ！　ドラえもん、やっぱり、おまえはココロを持たないただのロボットなんだな！　だから、『このボク』が消えるかもしれないのに、そんな態度でいられるんだ！」

ドラえもん「でも、のび太くん！　毎日、顔を合わせている、しずかちゃんも、ママも、パパも、すでに、何度も、この道具を使っているよ。それでも、キミは、何の態度も変えず、いっしょに生活を続けてきたじゃないか。彼らに『ほんとうの彼らのココロ』があるかどうかなんて、最初から、キミにとっては、どうでもよいことだったんじゃないか？　そして、それは、他人の側、社会の側からすれば、まったく同様のことさ。キミに、ほんとうのキミのココロがあるかどうかなんて、キミ以外にはまったく関係のない、どーでもいいことなんだ！　社会も、両親も、友だちも、恋人も、どんな親しい人間でさえ、『のび太』という形式・記号が存在し、それが機能さえしていれば、仮にキミのココロなんかなくなっていても、『そっくりな別人のココロ』に入れ替わっていても、そんなことどーでもいいんだよ！だって、他人には『ほんとうのキミのココロ』を知ることなん

て絶対にできないんだから！　結局、『ほんとうのキミのココ
ロ』なんか、この世界の誰も必要としていないんだ！」

のび太「違う！　違う！　ドラえもんは間違っている！　そん
な話、絶対に認めるわけにはいかない！」

のび太は、「どこでもドア」の前で、崩れ落ちるように膝をつき、
そして、ハラハラと涙を流した。

「ココロ、タマシイ、イシキ」、ふだん考えたこともない、哲学
的な問題が、のび太の頭をグルグルと駆けめぐった。

ひとしきり泣き終え、いくぶん落ち着きを取り戻してきたのび
太に、ドラえもんは問いかける。

ドラえもん「どうするの？　のび太くん？　本当に、嫌なら、
歩いて学校に行く？」

結局、その言葉で、のび太の思考がたどり着いた結論は、あま
りに日常的なものだった。

──でも、いまさら、学校に歩いてなんて……行けるわけない
よな。

みんなが「どこでもドア」で便利に生活しているのに、自分だ

284　5章　もっと哲学的な何か

けが、これから、毎日、徒歩で移動しつづけるなんて、耐えられそうになかったのだ。

のび太「じゃあ、行ってくるよ……」

——そうさ、大丈夫だよ。みんな使っているんだし。案外、気がついたら、学校の前にいて、な〜んだって思うだけかもしれない。こうして、ボクは「どこでもドア」をくぐった。ドアの向こうの「ボク」が「このボク」でありますように。

そう願いながら……。

ドラえもん「いってらっしゃい。勉強がんばってね」

——扉をくぐる瞬間、ボクの最後の視界に映ったドラえもんの笑顔は、なぜだろうか、ひどく無機質で、おぞましいものにみえた。

ゾンビ問題
あの人は、本当にものを感じて生きているのだろうか?

哲学的ゾンビとは?

あなたは、こんな想像をしたことがあるだろうか?

「もしかしたら、『痛さ』や『悲しみ』を感じているのは自分独りだけであり、自分以外の人間は、ただロボットのように、何も感じずに、ただ状況に反応して自動的に動いているだけではないだろうか……?」

もしかしたら、ボクの周りで、
「ありがとう、とっても嬉しい♪」
「好きです」
「痛いよ!　もうやめてよ!」
「おまえなんか死んじまえ」
とか言っている人々は、実は、なんの主観的な体験も持たずに、
ただ機械的にそう言っているだけかもしれない……
という、そんな想像である。

このように、
「外面的には、普通の人間とまったく同じように振舞っていな
がら、内面的には、意識を持たない……主観的体験を持ってい
ない人間」
のことを「哲学的ゾンビ」と呼ぶ。

このゾンビは、物質的には普通の人間とまったく同じであるの
だから、もちろん脳も神経も持っている。だから、ゾンビに「赤
いもの」を見せれば、彼の脳内の「赤」を認識する部位が反応
し、「今、わたしは赤いものを見ています」と話すだろう。

したがって、脳科学的には、まったく普通の人間と区別がつか
ない。

だが、にもかかわらず、彼は「赤（クオリア）」を見ていない
のである。

もしかしたら、自分の友人、恋人、家族が、こういう哲学的ゾ
ンビではないかと疑ったことはないだろうか？

彼らは、口では「痛いよ！」とか「おまえを愛しているんだ」
と言っているが、実は、何の主観的体験もなく、クオリアを感
じないまま、脳という機械が、ただそう言っているだけなのか
もしれない……。

もちろん、人間だろうが、犬だろうが、石だろうが、「自分以外の他人がどんな主観的体験を持っているか」なんてことは、原理的に知りようがないのだから、「アイツが哲学的ゾンビかどうか」なんて疑ったところで、まったく証明しようのない不毛な疑問にすぎない。

では、哲学的ゾンビから何が語れるか？

その前に、はっきりさせておこう。

もし、ボクらが、一般的な物理主義の立場をとるのであれば、
「人間のイシキやココロなどによって、物理法則が変化することはありえない」
と考える。

ようは、ボクのイシキによって、ボールの軌道が曲がったりしないよという当たり前の話だ。

この物理主義の立場では、今、ボクに起きている「イシキ、主観的体験」というのは、「脳という物理的な機械」の動きに付随して発生している現象にすぎない。その証拠に、「脳という物理的機械」の物理構造をいじってしまえば、ボクのイシキは、そのとおりに影響される（たとえば、脳をいじれば、「赤」が見えなくなったり、見えるようになったりする）。

では、「イシキ、主観的体験」というものが、「単に脳という機械に付随するもの」であり、「物理法則といっさい関係しない」のであれば、当然、「イシキ、主観的体験」が、脳という物理的機械の動きに、影響を与えることはない。

至極当然の話のように思えるが、そう考えてしまうと、少しだけ奇妙な疑問が出てくる。

というのは、「イシキ、主観的体験」が、脳にいっさい影響を及ぼさないのであれば、脳は、「イシキ、主観的体験」があろうがなかろうが、機械的に淡々と物理法則にしたがって動作するだけなのだから、脳に「イシキ、主観的体験」なんかなかったとしても、まったく問題なく、なに不自由なく人間生活ができるということになる。

そこから導き出される結論は、
「イシキとか主観的体験なんて、全然必要なかった」
ということになる。

もっと、はっきり言えば、「私の意識」なんて、この世界に、まったく必要のない存在なのだ、ということだ。

だって、「私の意識」が「赤（というクオリア）」を見なくても、「あの夕日、赤いね、綺麗だね」と脳が話せるのだとしたら、そも

そも「赤（今、現に意識の上に映っているこの色）」なんか余計なものであり、こんなものは見えてなくてもよかったのだ。

ある日、朝起きたら、「私」は内面的に死亡してしまって、「私の意識」がなくなってしまったとしても、私の体は、淡々と、起きて、食べて、友人と笑ったり、恋人と喧嘩して寝たりして……と今までと変わらず生活ができるのである。

結局のところ、「私の意識」は「私にしか必要のないもの」なのだから、大きな観点からすれば、「哲学的ゾンビのほうが自然」であり、むしろ「私の意識」のほうが、
「イシキ、主観的体験という元来必要のない付随機能を余計に持っている不自然な存在」
ということになる。

しかし、どんなにイシキや主観的体験が不自然な存在だったとしても、事実として、現に、今、私は意識を持っており、主観的体験により世界を見ている。

これはいったいなぜだろうか？

いったい、なぜ、機能的にはまったく必要のないものが、わざわざ発生しているのだろう？

もし、仮に、

「イシキや主観的体験も、機能的に必要だから存在している」
というのであれば、
「我々は、イシキや主観的体験が、脳という物理的機械の動作
の決定になんらかの影響を与えている」
ということを受け入れ、物理主義の考えを改めなくてはならな
い。

デイヴィッド・チャーマーズは、この哲学的ゾンビというたと
えを用いて、イシキ、主観的体験における新しい哲学的課題を
提示し、当時の人々に大きな衝撃を与えた。

自由意志
あなたに自由などない?

自由意志とはなんだろうか?

もし、自由意志を
「自分で好き勝手に選択できることだよ」
という意味で捉えているのであれば、それは明らかに間違いで
ある。

もし、それが自由意志だと言うならば、「そんなものはない」
と断言してもよい。

我々に、「自分で好きなように物事を選べる」という自由意志
がないことは、以下の実験で簡単にわかる。

自由意志を確認する実験

まず、目の前に、2つのコップ(鉛筆でも、消しゴムでも何で
もいい)を置こう。

そして、右のコップ、左のコップ、どっちでも好きなほうを選んで取ってほしい。なお、2つのコップに違いはない。自分からの距離も同じだ。どっちをとっても、何も違いはない。

さぁ、あなたはどっちを取るだろうか？（実際に、コップを用意してやってみてほしい。好きなほうのコップを選んで、指を置こう）。

仮に、あなたは適当に、なんとなく、右のコップ（もしくは左のコップ）を取ったとしよう。

そうしたら、問いかけてみてほしい。

「なぜ、そっちを取ったの？」と。

何も合理的な答えは、見出せないはずだ。

はっきり言ってしまえば、「なんとなく、そんな気になった」としか言いようがないはずだ。つまり、「どうして右のコップを選ぶ気になったのか、自分でもよくわからないけど、なぜだか、そんな考えが沸き起こってきて、右を選んだ」ということである。

だとすれば、明らかだ。

「よくわからないけど、そんな考えが沸き起こった」とは、「なぜ自分がそうしようと思ったのか原因がわからない」ということなのだから、まったくもって、「自由（好き勝手に選べる）意志」なんかじゃない。

だって、結局「右を選ぶ」という考えは、「自分にはわからない何か（自分の外部）から出てきた」ことになるからだ。

それは、あなたの体に見えない糸がついていて、背後で誰かが操っている状況によく似ている。誰かが、糸を引っ張ったので、「右手を上げた」にもかかわらず、あなたは「よくわからんが、自分で右手を上げたくなったのさ」と言い張っているのと同じである。

結局のところ、「自分でなぜそうしたかもわからない」のだから、「自分で自由に好き勝手に決めました」なんて言えるはずもない。

では、逆に、右のコップを選んだことに、何か合理的な理由があったらどうだろうか？

もしかしたら、こんなふうに言う人もいるかもしれない。

294　5章　もっと哲学的な何か

「自分は右利きで、右が近いから、右を選んだのさ」

それもおかしい。もし、合理的な理由がはっきりあって、あなたがそれに完璧にしたがうのだとすれば、そもそも、あなたには「自由な意志なんてまったくない」ことになる。だって、合理的な理由にしたがって動くだけなら、ロボットのように決められたとおりに動くだけで、全然、自由な意志なんかじゃない。

そう言われて、
「いや、そうじゃない。おれはロボットじゃない。合理的な理由にしたがったのは、自分の意志で自由に決めたことだ」
と言ったとしても、
「じゃあ、合理的な理由にしたがわない自由もあったんだよね？なのに、なんで、今回は、合理的な理由でコップを選んだの？」
と問いかけられれば、やっぱり、
「いや、なんとなく、今回は合理的な理由で選択しようという気持ちになったんだよ」
としか言えないのだ。

まとめ

もし、我々が、自分自身の選択について、「なぜそれを選んだかの仕組みが完全にわかっていた」としたら、それはもう自由

意志ではなく、機械的な意志になってしまう。

したがって、機械的な意志でないためには、
「なぜそれを選択したのか、その仕組みがわからない」
ということが必須条件である。

だが、そうすると、「なぜそれを選択したのか、自分ではその
仕組みがわからない」のだから、結局、我々が何を選択しよう
と、その選択は、「ブラックボックス（自分には計り知れない
未知の何か）」から生じたことになり、やっぱり「自由（自分
の好き勝手）なんかじゃない」ってことになる。

結論を言おう。意志とは、我々の計りしれないところから「起
こるもの」であり、いやむしろ我々の計りしれないところから
「起こるもの」でなくてはならない（そうでなければ、機械的
意志になってしまう）。

結局のところ、我々には「自由に意志を引き起こす自由」なん
てないのである。

思考実験③——どこでもドア2
「この痛み」を感じているのは「このボク」だけだ！

のび太は、学校の前で気がついた。

「扉をくぐる前」と「扉をくぐったあと」——変わったのは、
景色だけであり、のび太は相変わらず「のび太」だった。

心配してドキドキしながらドアをくぐりぬけたことも、ドラえ
もんと会話したことも、はっきりと覚えている。

——な～んだ。ボクはやっぱり「このボク」じゃないか。心配
して損したよ～。

のび太は、元気に教室へ向かって歩き出した。

         *   *   *

その同時刻……。

のび太は、暗闇の中で気がついた。

——あれ？　ここはどこだろう？　あ、そうか。ボクは「どこでもドア」の中にいるのか。

狭い部屋の中だった。あたりは壁で何もない。

することもないので、のび太は、しかたなく向こうの「のび太」に思いをはせる。

——きっと、ボクの肉体の情報がスキャンされて、学校にある「どこでもドア」のほうでは、ボクと同じ肉体の「のび太」が再現されているんだろうなぁー。でも、あれ？　なんでボクはまだ意識を持っているんだろう？　それに……もしも、こうしているあいだに、向こうの「のび太」がすでに再現されていたとしたら……。

のび太が、ふとそんな疑問を持ったそのとき、どこからともなく「シュー」という音が聞こえてきた。

——けむり？

何気なく、手を見ると、

……どろり

指が溶けていた。

──え？　カラダが溶けて……いる？

そう気がついた瞬間、

のび太は、「痛み」を感じた。

のび太「ぎゃアアアアああぁあぁっぁああアアああぁぁあ
あぁっぁああぁ!!!!!!」

カラダ中の皮膚が、ぐつぐつと煮え立ち、ドロドロに溶けはじ
めていた。

阿鼻叫喚、筆舌に尽くしがたい激痛がのび太に襲いかかる。

のび太「ドラえもぉぉぉ〜〜〜〜ん！　助けてぇ！　助けて
よぉ!!」

のび太は、半狂乱であたりの壁を叩きまくったが、周囲は完全
に閉じられており、助けが来そうにもなかった。

──どうして!?　分子破壊光線で、痛みを感じる間もなく、
一瞬でコナゴナになるんじゃなかったの!?

＊　　　　＊　　　　＊

のび太「おはよー、しずかちゃん！」

しずか「あら、のび太さん、おはようー」

のび太「今日はね、どこでもドアで学校に来たんだ。いやあ、最初、怖くてさー」

しずか「うんうん、わかるわかる。アタシも最初、とっても怖かったわ。でも、使ってみるとゼンゼン問題なかったわよね」

のび太「そうなんだよー。なんであんなに怖かったんだろ。それにしても、便利な世の中になったもんだよねえ」

しずか「ええ、本当に。朝、ゆっくりシャワーが浴びれて、とても嬉しいわ」

     *   *   *

のび太の生き地獄は、まだまだ終わらない。

肉を飛び散らせながら、体中を掻きむしり、激痛にのた打ち回っていた。

このどこでもドアというものが、「その使用者にあらん限りの

苦痛と惨めさを与えてからコロス」ように作られていることに
疑いはなかった。どこでもドアを作った人間の狂気じみた悪意
を感じた。

もはや、のび太に湧き上がってくる感情は、絶望と後悔だけだっ
た。

──そうだよ！　よくよく考えれば、わかりきったことじゃな
いか！　自分のカラダが壊されるより前に、「すでに学校でのの
び太が再現されてしまっている状況」だって、十分、考えられ
たじゃないか！

だとしたら、はっきりしている！　学校の「のび太」は、絶対
に「このボクと同一人物」なんかじゃない！

だって！　「この痛み」を感じているのは「このボク」だけじゃ
ないか。逆に、向こうののび太が、怪我しようが死のうが、ボ
クにはわからない！　何も感じることができない！　ようする
に、「他人」だってことだ！

偉い学者たちは、物質的観点から、２人は同一人物だと言うか
もしれない！　友人たちは、どちらも同じ記憶を所有する「の
び太」であり、会話しても区別できないのであれば、両方とも
「のび太」だと言うかもしれない！

そんなことを言うヤツラは、実際に、どこでもドアに入ってみればいい！

自分とまったく同じ人間ができようがどうしようが、はっきりしていることは、この世界で、実際に痛みを感じているのは、「このボク」だけだということだ！ 「この世界」の中で、実際に「この痛み」や「この惨めさ」を感じているのは、「このボク」だけであり、「このボク」でしかありえないんだ！

　　　　　　　＊　　　　　　＊　　　　　　　＊

しずか「そうそう、のび太さん、今度みんなで、スネオさんの別荘に遊びにいく計画があるんだけど」

のび太「え？　ほんとー？　いくいく！　絶対いくー！　でも、別荘って遠いのかなあ？」

しずか「うん、少し遠いみたいだけど、どこでもドアもあるから、一瞬よ。うふふ、たのしみだわー」

　　　　　　　＊　　　　　　＊　　　　　　　＊

もはや痛みすら感じることもできない、もうろうとした意識の中でのび太は夢を見ていた。

世界中の人間が、楽しそうに笑いながら、どこでもドアを出たり入ったりして、どんどんと発展していく社会の夢を。

たぶん、このコトは、社会的には絶対に表面化しないだろう。おそらく、学校にいる「のび太」は、どこでもドアに対する恐怖心をなくし、今後は、当たり前のように、どこでもドアを使いつづけるはずだ。

そして、これからも社会や、国家や、家族は、なんの問題もなく継続する。むしろ、今まで以上に発展するだろう。

人々が楽しそうに生活している映像が見える。平穏な日常、便利な世の中、豊かな社会、どこにもおかしなものはない。

それでものび太はつぶやく。「このの び太」だけがつぶやく。

――こんな世界……狂ってる……。

だが、のび太はふいに気がつく。

――そんなことは、どこでもドアが発明されるよりも前に、最初から、この世界に内在していたことじゃないか。

「死」という形式で。

もはや誰がみても、「のび太」とは識別できないであろう肉塊は、最後にこうつぶやいた。

のび太「死にたくない、消えたくない、ボクは、のび太だ」

脳分割問題①
脳を分割したときに起きた奇妙な実験結果

1960 年頃、てんかん患者の治療として、左右の脳をつなぐ脳梁を切断する手術が行われた。

てんかんとは、神経細胞の異常放電によって、脳全体に不当な信号が次々と伝播して、「けいれん」などの発作を引き起こす脳の機能障害のことである。

このてんかんの信号は、左右の脳をつなぐ脳梁を伝播することを好み、この脳梁を介して左右の脳に繰り返し伝播する「共鳴現象」によって発作が引き起こされていることがわかっており、そこから当時の医者たちは、こう考えた。

「じゃあさ、左右の脳をつないでる線を切っちゃえばいいじゃん。物理的に切ってしまえば、信号が伝播しなくなるから、発作を軽減することができるかも♪」

実際、その考えは正しく、この脳梁切断手術（脳分割手術）によって、多くのてんかん患者の発作がなくなった。

さて、この手術によって「左右の脳の連絡網を切断された人たち」が、その後どうなったかといえば……、普通の人と変わらず、生活することができていた。

そう、脳梁を切断しても、たいして日常生活に支障はなかったのである。

それで、てんかんの発作もおさまるのだから、まさに、ビバ！脳分割手術！　である。

しかし、
「いやいや、脳梁という左右の脳の重要な連絡網を切ったのに、まったく影響がないってことはないでしょ！」
と考えた脳外科医たちは、脳分割患者をより詳しく調べるため、とある実験を行なった。

脳分割患者への実験❶

簡単に言えば、
「左右の脳のうち、一方の脳にだけ文字を見せて、それを言葉で話してもらったり、手で取ってもらったりする」
という実験である。

たとえば、右図のように、眉間のところに、敷居を置いて「コッ

プ」という文字を右目だけに見せたとしよう。

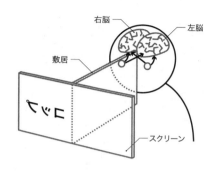

ところで、人間の目の視神経は、左右の両方とも、
「左視野（目の左半分の視界）は左脳につながっている」
「右視野（目の右半分の視界）は右脳につながっている」
という関係になっているので、脳梁といっしょに、その交叉している部分を切断してやれば、
「左目の視神経→左脳だけにつながっている（左目は、視野の左半分だけが見える）」
「右目の視神経→右脳だけにつがなっている（右目は、視野の右半分だけが見える）」
という状況を作り出せる。

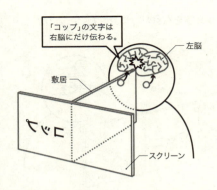

ここで、左右の脳の連絡網である脳梁は切断されているのだから、一方の脳が得た情報は、もう片方の脳には送ることはできない。

つまり、
「左目で見たものは、左脳にだけ伝わる」
「右目で見たものは、右脳にだけ伝わる」
という状況が作り出せるのだ。

したがって、上図の実験の場合、右目で見た「コップ」という文字の情報は、「右脳にだけ伝えられる」ことになる。

さて。ここで、彼に、両目を閉じてもらって、
「左手（右脳が支配する手）で、今見たものを、手に取ってください」

と言ってみよう。

すると、彼は、手探りで、コップの形をしたものを選んで、手に取ることができる。

次に、彼に、「さっき、何が見えましたか？ 何を取ればよいか、わかっていますか？」と聞いてみよう。

そうすると、驚いたことに、彼は、「何も見ませんでした。だから、何を取ればよいか、わかりません」と言うのである（明らかに「コップ」という文字を認識し、現に、その形のモノを選んで、手に取っているのに！）。

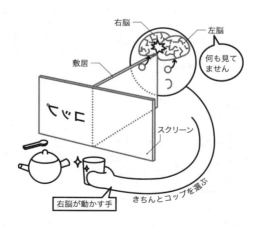

これはなぜかと言えば、言語機能を支配しているのは、左脳だからである。左脳には、「コップ」という文字の情報は伝わっていない。だから、当然、左脳は「何も見ませんでした」と答えるのである。

脳分割患者への実験❷

では、今度は、逆のほうの目（左脳の目）に「スプーン」という文字を見せて、右脳が支配するほうの手（左手）で、見たものを取ってもらうという実験をしよう。

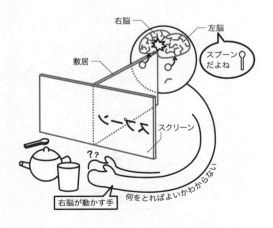

今度は、左脳のほうにだけ、「スプーン」という情報が伝わっ

たことになる。だから、右脳が支配する方の手（左手）は、何を取ってよいかわからず、スプーンを取ることができない、という結果となる。

そこで、彼に、「何を取ればよいかわかっていますか？」と聞くと、「はい、スプーンですよね」と、ちゃんと答えるのである。

実験結果の考察

これら脳分割患者に対する実験の結果は、一見すると、奇妙な結果のように思えるが、科学的に見れば当然の結果である。

だって、左脳と右脳は、物理的につながっていないのだから、当然、
「左脳が得た情報は左脳しか知らない」
「右脳が得た情報は右脳しか知らない」
ということになる。そう考えれば、上記の実験結果はなんの疑問もない。

左脳が見ていても、右脳は見ていないのだから、左脳が見たものを、右脳が選んで手に取るなんてできるわけがない。

だから、この実験結果は、科学的には、あまりに当たり前で、妥当な結果であると言える（逆に、もし、ホントウに物理学や

脳を越えた霊体、タマシイが存在し、それが世界を見て判断し、思考しているのなら、右脳と左脳が物理的に隔離されていても関係なく、タマシイは左脳の機能を使って、「今、見ているのはコップだよね」と話せたことだろう。だが、そういう実験結果は得られなかった）。

ともかく、「脳分割患者への実験」は、科学的には、ごくごく真っ当な結果となった。

だが……。

この脳分割患者への実験を、「この私」という視点に置き換えて哲学的に考えてみると、科学や物理学では決して解決できない大きな問題が持ち上がってくる。

脳分割問題②
自分はどっちの脳の「自分」なの？

脳分割患者への実験で、はっきりしたことは、脳梁を切断して、左右の脳への情報伝達を物理的に断ったとき、
「左脳にだけ入力された情報は、左脳しか知らない」
「右脳にだけ入力された情報は、右脳しか知らない」
という科学的にはごく真っ当な結論だった。

さて、ここでちょっと、脳分割手術を「他人に起きたこと」ではなく、「自分に起きたこと」という視点で、実際に想像してみてほしい。

つまり、もし、今、この瞬間「自分」が脳分割手術をされたらどうなるか？　を想像してみてほしい。

まず、間違いなく、はっきりしているのは、脳が分割された瞬間、「ボク」は、右脳と左脳のうち、どちらかの脳として、世界を見ているということだ。

この話をわかりやすくするため、もっと極端に分割した場合を考えてみよう。ていうか、脳梁だけを分割……なんてケチなこ

とを言わずに、せっかくだから、より盛大に、肉体全部をスパっと切断してしまおう。

たとえば、「ボク」が道を歩いていたら、いきなり南斗聖拳の使い手が現れて、「ヒョウ！」と、目にもとまらぬ速さで、「ボク」の体を切断してしまった……というありがちな事態を想定してみよう。

すると、「ボク」は、
「あれ？　あれれれれれ？」
と言いながら、体が、真っ二つに割れていくことになる。

さぁ、ここで、瞬間冷凍だ!!!　死んでしまう前に、氷づけにしてしまおう。

そして、凍った左半身（左脳）を日本へ運び、もう一方の右半身（右脳）をアメリカへ運ぼう。

そこで、それぞれの半身を解凍して、景色を見せてあげる。

はたして、このとき、「ボク」は、どんな景色を見るだろうか？

間違いなく、はっきりしていることは、「ボク」は、「日本の景色を見ているか」「アメリカの景色を見ているか」のどちらかである。

つまり、目を開けたときに、

という映像が、僕の意識の上に映っていたら、「ボク」は、日本にある左半身（左脳）で、「世界」を見ているということになるし、逆に、

という映像が、僕の意識の上に映っていたら、「ボク」は、アメリカにある右半身（右脳）で、「世界」を見ているということになる。

少なくとも、「ボク」が、両方の「世界」を「同時に見ている」
ということはありえない。

これは、脳分割患者に行なった実験で、完全に自明である。も
し、「ボク」が両目に映る「世界」を「同時に見ている」のなら、
どちらの目で文字を見ても、その内容を答えられたはずである。
だが、実際には、右脳の目で見たものを、左脳は答えることが
できなかった。

もちろん、左半身も右半身も、それぞれの目で、それぞれの景
色を見ていると思われるが、少なくとも、「ボク」という意識は、
「気がついたら、東京タワーの前にいて、左半身がすっごい痛
い！ 右半身はどこでどうしているの!?」
という状態として存在するか、
「気がついたら、自由の女神の前にいて、右半身がすっごい痛
い！ 左半身はどこでどうしているの!?」
という状態として存在するか、のどちらかであり、
「気がついたら、左目から東京タワー、右目から自由の女神が
見えて、うわ、なんか、体全体が痛い！」
という状態では存在しえないのである。

では、仮に、実際に、今まで述べたような脳分割（肉体分割）
を行なって、たまたま「左目に映る景色（東京タワー）だけが
見えた」としよう。このとき、「ボク」は、「左脳の視点から世
界を見ている」ことになる。

316　5章　もっと哲学的な何か

では、このとき、右脳にいるのは、いったい何者だろうか？

右脳だって、目で見て判断できるし、手を動かしたり、考えたりもできる。手をツネられたら痛たがるし、悲しい目にあえば、顔を歪めて涙を流したりする。

たまたま、気がついたら、「ボク」が左脳だったとき、もう一方の右脳には、いったい何者がいるのだろうか？

ボクはボクだけであり、右脳には誰もいない場合

もし、「ボク」という魂のようなものが存在し、「ボク」が死後も永続するような唯一無二の存在であるのなら、「ボク」は「ボク独り」だけであるはずだ。だから、もし「ボク」が、「左脳」で世界を見ているとしたら、それは脳が分割された瞬間に、「ボクという魂が、左脳へ移動した」ということになる。

そうすると、右脳は、「ボク」のいない、つまり、「魂のない脳」ということになり、右脳が、どんなに痛みや悲しみを感じているように見えても、実際には、それを感じる主体が存在しないのだから、ソイツは、自動人形、ロボットということになる。

ところで、魂が入っているほうの脳を頭蓋骨から捨てて片脳だ

けにしたとしても、その肉体は生きていくことが可能である（実際に片脳だけで生きている人間は存在する）。もし技術が進んで、捨てたほうの脳が担当していた機能を補佐する機械（人工脳）が発明され、それを取り付けることができたとしたら、おそらくソイツは、常人と変わらず、泣いたり、笑ったり、誰かと恋をしたりと人生をまっとうすることができるだろう。

だが、もちろん、たとえソイツが人間らしく生きているように見えても、実際には「赤」も見ていないし、「痛み」も感じていないのだから、哲学的ゾンビということになる。

よく哲学的ゾンビの批判として、
「人工的に脳なんかを作っても、そこに魂がなければ動かないはずだ。だから哲学的ゾンビなんか作れない！　魂がなければ、人間は動かないのだ！」
と言う人がいるが、現に、脳分割という手術があり、右脳も、左脳も正常に別々に機能しているのだから、もし、魂というものが、「分割したり、融合したりしない、固有（ユニーク）で永続的な何か」であり、一方の脳にしか「主観的な体験を伴うボク」がいないのだとしたら、「正常に動いて、泣いたり笑ったりしている、もう一方の脳」は哲学的ゾンビだと言うしかない。

結局のところ、脳分割問題を考えていくと、
「我々は、唯一無二の魂の存在を認めるなら、同時に、魂を持たない人間（哲学的ゾンビ）の存在も認めなくてはいけない」

という逆説的な結論が出てくるのである。

もしも、「哲学的ゾンビが可能である」ならば、脳は、魂なんかなくても、全然問題なく人間っぽく生きることができることになるし、
「寝ているときに一時的な脳死が起きて、魂が抜けてしまったが、朝には、何事もなかったかのように、脳が正常な機能を取り戻し、内面的には死亡した肉体が布団から起きて、学校や会社に行き、日常生活を続ける……」
という人間の存在を考えることも可能になる。

「死んでも魂は不滅だから、生まれ変わったら、また愛し合おうね」

来世での再会を誓い、心中する恋人たち。

もしかしたら、その一方は、「魂のない脳」の持ち主、哲学的ゾンビかもしれない。

脳分割問題③
自分が片方の脳にいるとしたら、なぜそっちなの？

右脳にも左脳にも「ボク」がいる場合

では、
「『ボク』というイシキは、『脳という機械が作り出した一種の現象』である」
という考え方はどうだろうか。

つまり、
「人間の意識は、『脳のようなある程度複雑な機械』が生じた時点で、自動的に発生するものだ。魂とかそんなものは存在しない」
という考え方だ（おそらく、魂を信じない多くの人は、この考え方をするだろう）。

そうすると、脳分割（肉体分割）をされて、たまたま、「ボクが左脳の視点から世界を見ていた」とき、右脳にも「同じようなボク」がいて、「左脳のこのボクと同様に見たり感じたり」していることになる。

320　5章　もっと哲学的な何か

その場合、はっきりしていることは、「ボク」という存在は、唯一無二のユニークな存在ではなく、いつでも分裂可能な存在ということになる（もし、技術が進んで、左右の脳の連絡網である脳梁を復活させることができたとすれば、融合も可能だろう）。

そうすると、
「このボク」の意識は、
脳を壊せば消える
脳を分割すれば、２つになる
脳を融合すれば、１つになる
という存在であるということになる。

まぁ、それはそれでよいとしても、よくよく考えてみると、ある疑問が出てくる。

それは、
「なぜ、『このボク』は左脳だったのだろう？」
という問題だ。

だって、脳をスパーンと包丁で分割した瞬間、脳は「２つになる」わけだから、「このボク（現に、今、みている世界）」は、どちらの脳の視点でもよかったはずである。もし、たまたま、「ボク」が一方の脳の視点から、世界を見ていたとしても、別に「反対

の脳でもよかった」はずである。「逆の脳で世界を見ているボク」
がいるのなら、「このボク」は、そっちでもよかったはずである。

これは、とても大きな問題である。

たとえば、あなたが、凶悪な人に誘拐されて、
「今、右脳に爆弾を埋め込みました。阿鼻叫喚、筆舌に尽くし
がたい激痛を感じて、右脳がドロドロに溶けます。でも、私は
優しいので、一度だけチャンスをあげましょう。脳梁を切断し
てあげます。もし、次の瞬間、『あなた』が、左脳として『世界』
を見ていたら、『あなた』は助かります」
と言われたとしよう。

「ボク」は間違いなく、脳梁が切断された瞬間、左脳として、
世界が見えることを望むだろう。

もし、実際に脳梁が切断されて、次の瞬間、右脳として世界を
見ていたら……、
「いやいや、左脳にもボクがいて、同じように世界を見ている
よ♪」
なんて言われたところで、納得がいくはずもなく、
「じゃあ、なんで、ボクは、そっちじゃなかったんだよぉぉ！」
と大騒ぎするだろう。

なぜ、「ボク」は、「このボク」だったのだろう？　「別の可能

性のボク（別の脳のボク）」でもよかったはずなのに……。

しかも、この疑問は、何も「自分の脳の話」だけではない。脳分割について、このような疑問が成り立つのであれば、それは、他人の脳についても同様の疑問が成り立つことを意味する。

そもそも、脳が、単なる「意識を発生させる機械」であるとしたら、その機械は、この世界に、何十億個とすでに存在しているわけだが、なぜ、ボクは、その何十億個の脳の中の「この脳」の視点で、世界を見ているのだろうか？

「このボク」は、アイツの脳であってもよかったのである。もっと、かっこよくてお金持ちの男の脳が、「このボク」であってもよかったのである。

結局のところ、
「人間の意識なんて脳という機械によって発生しているだけさ」
と単純に考えたとしても、この点についてだけは、合理的な説明を行うことができないのだ。

思考実験④
誰もが膝を抱えて座りこみ、自分の順番を待っている

のび太「ただいま～！」

のび太は、元気よく、どこでもドアから出てきた。

ドラえもん「あ～、のび太くん、おかえり～」

ドラえもんは部屋の中で、漫画を読みながら寝転んでいた。

——そういえば、こいつは、いったいなんのためにいるんだろう？　ていうか、どこでもドアだけあれば、こいつはいらないんじゃ……。

そんな疑問を感じながら、のび太はカバンを下ろした。

ドラえもん「で、のび太くん、どこでもドアはどうだった？」

のび太「うん、大丈夫だった。ドアをくぐり抜けたら、もう目の前が学校でさ、ぜんぜん問題なかったよ♪」

324　5章　もっと哲学的な何か

ドラえもん「そうなんだ、それはよかったね」

のび太「でもね、1つだけ気になることがあるんだ」

ドラえもん「ん、なーに?」

のび太「あの……もしも、もしもだよ。どこでもドアに入った
ボクが、分子破壊光線ですぐに消滅しないで、体がドロドロに
溶けるような毒ガスで、阿鼻叫喚、筆舌に尽くしがたい生き地
獄を味わうとしたら……」

ドラえもん「ぶふっ〜〜〜!!」

ドラえもんは、飲んでいたお茶を噴き出した。

ドラえもん「な、なにを言い出すんだい! のび太クン!」

のび太「あ、いや、たとえばの話だよ、毒ガスは、適当に言っ
ただけ」

ドラえもん「な、なんだ、そうなんだ。まったくそんなことあ
るわけないじゃないか! ア、アハハハハハハハハ!!」

のび太「まぁそうなんだけどさ、たとえばの話」

ドラえもん「(これだから、この馬鹿は、ときどき油断できないんだ……)へぇ～、それで?」

ドラえもんの目が怖かった。

のび太「あ、いや、ただ、そういうことが実際に起こりえるとしたら、どこでもドアによる転送は成功したとは言えないんじゃないのかなぁ～、と思って」

ドラえもん「どうしてだい?」

のび太「だってさ。どこでもドアのほうに残されたのび太は、『ただ立っていて、体の構造を調べられただけ』なんだから、当然、彼の意識は、そのまま継続していたはずだよね。それなのに、肉体をスキャンされた次の瞬間に、遠くの場所で、自分と同じ構造ののび太がもう1人出きたよと言われても、そんなの『自分そっくりの他人』ができたとしか思えないよね。だって、コピーされたソイツが、今、何を見て、何を感じているのか、まったくわからないんだし。逆に、コピーされたほうは、どこでもドアに残ったのび太が、毒ガスが出てきて、どんなに『痛く』ても、その『痛み』は、まったく伝わらないわけだしさ。まさに、他人と同じだよね。だから、どこでもドアに残ったほうののび太からすれば、どこでもドアで、『自分』が転送されるなんてことが起こるわけがないんだ! 体の構造を調べられただけなのに、突然、自分のイシキが別の体に移るわけがないじゃ

326　5章　もっと哲学的な何か

ないか！　ダマされた！　と考えるだろうね。そして、遠くの
どこでもドアから出てくるのび太なんか、やっぱり偽者だと結
論づけて、『ボクこそが、ボクだけが、のび太だ』と呪詛の言
葉を吐いて死んだんじゃないかと思うんだ。彼の立場からすれ
ば、完全に、どこでもドアの転送は失敗だよね？」

ドラえもん「いやいや、それは違うよ、のび太くん。たとえ、『そ
ののび太』が失敗したと思っても、『現に今、のび太として世
界を見ているキミ』がこうして存在している以上、『どこでも
ドアの転送は成功した』んだよ」

のび太「う、うん……確かに、それはよくわかるよ。現に、こ
うして、何事もなく、転送された『ボク』からすれば、ドアに
入る前の『ボク』の意識と完全に連続していて、ただ一歩、踏
み出して歩いたのと同じような感覚だったよ」

ドラえもん「じゃあ、何も問題ない。どこでもドアの転送は成
功した。それでいいじゃないか？」

のび太「いや、それはそうなんだけどさ、ボクが問題にしたい
のは、そこじゃなくて、もし、どこでもドアの中で、体をスキャ
ンされたのび太が、すぐに破壊されないで、少しの間でも、生
き延びていたとしたら……その瞬間、のび太という『ボク』は、
２人存在したことにならないか？　ってことなんだ」

327

ドラえもん「うん、２人存在したんだよ。というか、肉体の破壊と生成に、タイムラグ（時間差）は絶対にあるわけだから、のび太が２人存在する瞬間は、間違いなくあったと思うよ」

のび太「え、でも、それっておかしくない？　『ボク』が、同時に２人存在するんだよ？　それって、ドアに入る前の『ボク』のイシキ、ココロが分裂したってことになっちゃうよ！」

ドラえもん「別にいいんじゃない？　分裂したって？　何か問題があるの？」

のび太「いや、問題とかそういうのじゃなくて、『ボク』が分裂するなんて、そんな馬鹿な話があるわけないじゃないか！」

ドラえもん「いやいや、それは、ただ、『キミ』が自分のことを『特別な存在』だと思い込んでいるだけでしょ。キミは『キミ』という存在が、『固有で、特別で、唯一無二の存在』だと思いたいから、『自分のイシキ、ココロが分裂する』という考えに反発するのさ。だいたい、脳分割問題のことを考えてごらんよ。もし、キミの肉体が、今、真っぷたつに分割されて、『キミ』が右半身しか感じられなくなったとしたら、その瞬間、左半身を感じているもう１人の『キミ』が存在するってことになるよ。これだって、一種の分裂だろう？　そういう事態は、どこでもドアを使わなくたって、再現できるんだ！　だから、『キミ』という存在なんか、別にいくらでも、分裂可能なんだよ！」

328　5章　もっと哲学的な何か

のび太「でも、分裂したとは限らないじゃないか！ 『ボク』には、『もう１人のび太が、どんなふうに世界を見て、感じているか』まったくわからないんだよ！ それは、もちろん、向こうも同じさ。だから、『ボクのココロが分裂した』なんていうことは、想像はできても、それを証明することは誰にもできないはずだよ！」

ドラえもん「それじゃあ、キミは、どこでもドアに入ったのび太は、ただ立っていて、体をスキャンされただけで、哲学的ゾンビになった、とでも言うのかい？」

のび太「そ、それは……」

ドラえもん「まぁ、たしかに、キミの言うとおり、証明はできないね。でも、分裂しないというなら、むしろ、問題がなくなるよ。だって、現に、今、こうしてのび太として世界を感じている『キミ』が『ただ独りののび太』だと言うなら、どこでもドアに残されたほうののび太は、ココロを持たないただの有機物のロボット、哲学的ゾンビにすぎないことになる。なら、そいつを、どんな残虐な方法で殺したって、どうでもいいことだし、現に、今、こうして『キミ』が、どこでもドアで転送されて、『世界を感じて、見てしまっている』以上、やっぱり、どこでもドアの転送は成功したんだ！ どちらにしても、どこでもドアの転送が失敗したことにはならないよ、のび太くん！」

のび太「いやでもさ！」

ガラッ

ママ「あらあら、のびちゃん、どうしたの〜？　そんなに大きな声だして〜」

突然、ママが部屋に入ってきた。

のび太「あ、えっと……、別になんでもないよ、ママ」

ドラえもん「あれ？　どうしたんですか、ママさん？　そんなオシャレな格好して」

ママ「さっき、パパから連絡があって、昇進が決まったそうなの。ステーキでもなんでも、好きなもの食べていいわよ」

ドラえもん「ステーキ！　うわーい！　ステーキ！」

ドラえもんは、食べかけのドラ焼きを放り投げて、飛び上がって喜んだ。

ママ「じゃあ、どこでもドアで、先に行っているわね」

ドラえもん「ええ!?　ど、どこでもドア使うんですか、ママさん」

ママ「ええ、そうよ。歩いていくには、ちょっと遠いし」

ドラえもん「……う、えっと、アイタタタ。急に腹が痛くなってきた。ボクのことはかまわず、外食してきてください」

のび太「え？　ドラえもん行かないの？　ステーキだよ？」

ドラえもん「いや、お腹痛いし！」

ママ「あら、そう？　じゃあ、お留守番よろしくね」

バタン！

ママは、どこでもドアの中に入っていった……。

*　　　　　*　　　　　*

……ゴトッ！　ゴトッ！　ゴトゴトゴトゴトッ！

ママが入ったどこでもドアは、不気味な振動を繰り返していた。

のび太「ねぇ、ドラえもん、なんで、どこでもドアって、使ったあと、次に入るまで、5分も待たないといけないの？」

331

ドラえもん「それは、完全に溶け……ゲフン！　ゲフン！　……あ、いや、転送に時間がかかるんだよ」

のび太「ふーん」

ゴトッ…ゴトッ………ゴトッ…………………

のび太は、振動を続けるドアを眺めながら、さっきのことを考えていた。

のび太「……ねぇ、ドラえもん、やっぱり、『ボク』が分裂して増えるなんて信じられないよ。『ボク』は『ボク』だし、『ボクだけがボク』なんだ。でも、もちろん、ドラえもんの言うこともわかる。ボクが、ただ立っていて体の情報を調べられただけで、哲学的ゾンビになってしまう、なんていうのは、どう考えてもおかしい。結局、どっちにしても、納得がいかない。まだ、コピー品のボクが、哲学的ゾンビだったというほうが、納得できる。そうさ、きっと、これは全部夢で、ただの物語で、どこでもドアなんて、非現実的で非科学的なモノは存在しない！仮に、人間のコピー品なんか作っても、そいつは、ココロを持たないただのロボットで、哲学的ゾンビなんだ！　そう考えたほうがすっきりする！」

ドラえもん「うふふふ、何を言っているんだい、のび太くん。

332　5章　もっと哲学的な何か

どこでもドアが存在しないだって？　どこでもドアなんて、そんなに特別なものじゃないよ。だって、どこでもドアの転送なんて、人間の生殖活動そのものじゃないか？　結局、どこでもドアが、やっていることは、オリジナルの肉体の情報を元に、コピー品を作っているだけなんだよ？　そんなの人間が子供作って、人間を増やしつづけているのと同じ話じゃないか！　つまるところ、コピー品の肉体が、一瞬で作られるか、細胞分裂で時間をかけてゆっくり作られるか、の違いにすぎない。もし、キミがお好みなら、どこでもドアによる肉体の再現を、キミのママの子宮を使って、細胞分裂形式にしたっていいんだよ！　その場合、どこでもドアの転送と、人間の生殖活動は、どこが違うっていうんだい！　それとも、キミは、今、世界中で生まれつづける子供たちが、みんなココロを持たない哲学的ゾンビだとでも言うのかい？　言えないよね！　だって、キミも世界中の人間も、みんな、パパとママから生まれてきたんだから！」

のび太「でも、そうだとすると、『ボク』は、パパとママの『ボク』から、分裂したってことになるよ!?」

ドラえもん「さぁね。そうかもしれないけど、そんなことは証明できることじゃないよ。ただ、もし、どこでもドアで『ボク』が分裂するとしたら、そういう想像も成り立つよね。ともかく、どこでもドアで転送されたのび太は、イシキ、ココロを持たないっていうのも、あんまり納得できる話じゃないよ」

一瞬、のび太の脳裏に、大好きなしずかちゃん、嫌味なスネ夫、大嫌いなジャイアン、世界中のあらゆる人間のココロが、すべて「ボク」が分裂したものという想像が浮び、気が遠くなりそうだった。

チーン！

どこでもドアの転送が終了したことを告げる、まるで電子レンジのような音が鳴った。

ドラえもん「さぁ、次は、のび太くんの番だよ。話の続きは帰ってから、またにしようよ」

のび太「——うん。じゃあ、行くね。ドラえもんは、本当に行かないの？」

ドラえもん「ボクのことは気にしないでよ」

のび太「うん、わかった。じゃあ」

ドラえもん「いってらっしゃーい」

なぜだろうか。のび太は、自分を見送るドラえもんの無機質な笑顔を見ていると、急に、黒々としたものが胸に湧き上がって

きた。

のび太「えい！」

のび太は、ドラえもんの後ろに回りこみ、思い切り突き飛ばした。

ドンッ!!

ドラえもん「うわぁああああ！」

なにをするんだよ、のび太くん……といって起き上がったドラえもんは、自分のいる場所が、どこでもドアの中だと気づいて、ただでさえ青い顔が、さらに真っ青になった。

大慌てで、ドアから出ようとするドラえもん。のび太は、ドラえもんを外に出さないよう、体全体でドアを押さえつけた。

のび太「いいじゃないか！　ドラえもんも行こうよ！」

ドラえもん「いやだ！　いやだ！　絶対嫌だ！　開けるんだ、のび太！」

わずかに開いたドアの隙間から見える、ドラえもんの必死な形相……。

最初は、ちょっとした悪戯のつもりだったが、ドラえもんのあまりの慌てぶりに、なぜか、のび太は、許しがたい怒りがこみ上げてきた。

そして、のび太は、ドラえもんにこう言って、力任せにドアを閉めた。

のび太「先に行っててよ『ボク』もすぐに行くから」

ドラえもん「出せー！　のび……」

バタン！

よっぽど防音がきいているのだろうか。ピタリと閉じられたドアからは、もうドラえもんの声は聞こえてこなかった。

ゴトッ…ゴトッ………ゴトッ……………………

不規則に振動するどこでもドアを眺めながら、のび太は、再び考えはじめた。

──ドラえもんの言うことが正しいのなら、ボクたち人間は、同じ「ボク」同士で愛し合って、憎みあって、殺しあっていることになる。

そして、この瞬間にも、この世界のどこかで、肉体が崩壊して地獄の苦しみを味わっている「ボク」が存在する一方で、何事もなく目を覚まして楽しく生きている「ボク」がいるんだ。

「ボク」は、そういった「分裂したボク」の1つであって、そして、「ボク」もいつか、「ボク」の複製を作り出し、最後には、肉体が崩壊して、地獄の苦しみを味わいながら死んでいくのだろうか?

ゴトッ…ゴトッ………ゴトッ…………………

不気味に揺れるどこでもドア。

のび太は、ひざを抱えて座りこみ、自分の順番が来るのを待っていた。

あとがき

哲学というものは、実生活において、まったく役に立ちません。
いや、それどころか邪魔になるとすら言ってもいいでしょう。

では、なぜ、哲学をするのでしょうか?
それは単純に、哲学が面白いからです。
では、なぜ、みんなは（あなたは）哲学をしないのでしょうか?
それは単純に、哲学の面白さを知らないからです。

私は、哲学の面白さを伝えたくてこの本を書きました。

とにかく、「哲学が面白い」ということをあなたに伝えたい。
それを第一目的としました。

だから、本書は、哲学を知らない一般の方でも、興味を持って
読めて「面白い!」と思える話題を選んで載せています。料理
で言えば、哲学のおいしい部分だけを取り出して煮込んだナベ
料理だと思ってください。

食べ方としては、目次を見て興味のあるものだけをつまみ食い
するもよし、端からすべて食べつくすでもよしです。具として
は、「相対性理論」から「量子力学」までいろいろありますが、

ダシはすべて同じです。「それって哲学ではなく科学では?」と思うような具でも、実際に食べてみれば、実は哲学的なものの考え方から出来上がっていることに気がつくと思います。

なお、本書のすべてを読んだとき、知の問題に共通したある哲学的な思考に気がつくでしょう。

最後に、この本を書いた私自身についても書いておこうと思います。

実は、私は哲学の専門家でもなんでもありません。普通のサラリーマンです。いえ、正確には、サラリーマンでした、と言うべきでしょう。というのは、もうサラリーマンの仕事を辞めてしまったからです。なぜ辞めたかといえば、哲学が面白かったからです(笑)。

私が、会社を辞めようと決断したのは、図書館での出来事がきっかけです。図書館の本棚に並ぶ本を見て、こう思ったのです。

「ああ、世の中には、先人たちの知が詰まった面白い本が、こんなにもたくさんあるんだなあ。でも、今のような忙しいサラリーマン生活を続けていたら、これらの知識に触れることなく、死んでいくんだろうなあ」

そう思うと、急に居ても立ってもいられなくなり、思いきって、

会社を辞めてしまいました。

そのおかげで、お金には困ってしまいましたが、誰にも文句を言われず、好きなときに本が読めるようになったのです……と思ったら大間違いで、実際には、生活費を稼ぐために、より厳しい条件で働く羽目になり、本を読める時間がさらに減ってしまった、というオチがついていたりします（笑）。

そのことについて、今さらながら後悔はしていますが、ただ1つだけ断言してもよいのは、そういう決断ができてしまうくらい哲学の世界は、面白く魅力的な世界だということです。

最後に、ゲーテの言葉を引用して終わりにします。

「三千年を解くすべを持たない者は
闇のなか、未熟なままに、その日その日を生きる」

本書をきっかけに、哲学や科学などの学問に興味の扉が少しでも開かれれば幸いです。

参考文献

永井均
『翔太と猫のインサイトの夏休み──哲学的諸問題へのいざない』ナカニシヤ出版

永井均
『転校生とブラック・ジャック──独在性をめぐるセミナー』岩波書店

デヴィッド・リンドリー
『量子力学の奇妙なところが思ったほど奇妙でないわけ』松浦俊輔訳、青土社

池田晶子
『睥睨するヘーゲル』講談社

池田晶子
『事象そのものへ！』法蔵館

下條信輔
『〈意識〉とは何だろうか─脳の来歴、知覚の錯誤』講談社現代新書

ロジャー・ペンローズ
『皇帝の新しい心──コンピュータ・心・物理法則』林一訳、みすず書房

竹尾治一郎
『分析哲学入門』世界思想社

西研
『哲学的思考──フッサール現象学の核心』筑摩書房

※本書は、2006年12月に二見書房より単行本として刊行された『哲学的な何か、
　あと科学とか』を加筆訂正したものです。

飲茶 (やむちゃ)

北国生まれ。東北大学大学院卒。会社経営者。
哲学、科学、数学などの学問をわかりやすく解説する本を
書いている。
著書に『哲学的な何か、あと数学とか』『14歳からの哲学入
門』(二見書房)、『史上最強の哲学入門』『史上最強の哲学入門
——東洋の哲人たち』(河出文庫) など。監修に『哲学ガール
ズ』(PHP研究所) がある。

二見文庫

哲学的な何か、あと科学とか

著者	飲茶
発行所	株式会社 二見書房
	東京都千代田区神田三崎町2-18-11
	電話 03(3515)2311 [営業]
	03(3515)2313 [編集]
	振替 00170-4-2639
印刷	株式会社 堀内印刷所
製本	株式会社 村上製本所

落丁・乱丁本はお取り替えいたします。
定価は、カバーに表示してあります。
©Yam-cha 2017, Printed in Japan.
ISBN978-4-576-17046-6
http://www.futami.co.jp/

好 評 発 売 中 ！

文庫判
哲学的な何か、
あと数学とか

飲茶 =著

数学にだって熱い血が通っている！
フェルマーの最終定理という難攻不落な難問。
それに取り組む学徒たちの姿を通して
人間が生きる意味を探るテキスト。

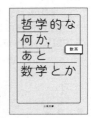

14歳からの哲学入門
「今」を生きるためのテキスト

飲茶 =著

14歳の頃に訪れる「常識の崩壊」。
それを乗り越えるとき、哲学が始まる──